SPORTS
PERSPECTIVE
SERIES

7

地域スポーツ論

相原 正道／佐々木 達也／田島 良輝
西村 貴之／内田　満／舟木 泰世 [著]

晃洋書房

は じ め に

読み進めればわかるシリーズの発行理由

　高等教育機関における研究教育開発を促進させるため，スポーツ科学における知の創造および学生の理解度を向上させるため，読みスゝめればわかる教科書——SPORTS　PERSPECTIVE　SERIES——を創刊した.

　ある経済学者とAO入試の面接官をしていた時に「数学の教科書ってすごいんやでぇ．読み進めればわかるねん」と言われ，なるほどと感嘆したことに端を発している.

　なるほど，数学の数式のように整理され，理論的に順序だてて文章が構成されていれば非常に効率的だ．読み進めればわかる教科書をということで，SPORTS　PERSPECTIVE　SERIESの編集方針を「読みスゝめればわかる教科書」とした．読み進めれば理解できるようになる文章は大切だ．そのような文章を書ける人はごく一部の人に限られる．頭が整理されていて，なおかつ現代語に精通している人である.

　理論派と称される方にありがちなのは，大学生への教育視点が抜けている点である．難解な日本語を多用しすぎるきらいがある．そういう教育者に限って，昔の大学生は学力が高かったと嘆くばかりである．例示が古過ぎて学生が知らないことが多いのはお構いなしである．もう1つ付け加えるならば，学生が知らないという反応を講義中に感じられない人である．当世風に言えば，空気読めない人である．大学生はいつだって現代の若者という新鮮な"今"という風を教室に吹き込んでくれる．この空気感こそが研究・教育者にとってこの上なく（イノベーション・創造性などにおいて）貴重なものだと考える．難解な理論を現代の大学生にわかるレベルまで整理して説明できるのも教育者としての力量が問われてくる部分だと思うのだが．こうした方々には，初心に立ち戻り教育研究をした方がよろしいとアドバイスしたいものである.

　ただ，学生にも度を過ぎた学生がいるのも事実であることもしかと明記しておきたい（笑）.

この本の構成

　本書において，第1章で，私（大阪経済大学 相原正道）が，地域スポーツにおける地方創生について解説していく．ポスト2020東京オリンピック・パラリンピックにおける地方創生は日本において，差し迫った課題である．とりわけ，スポーツを活用した地方政策は重要である．先ずは，地方都市の危機的状況を概観し，「まち・ひと・しごと創生総合戦略」における地方創生について述べる．次に，スポーツ・健康まちづくり推進やスポーツを通じた健康寿命の延伸について説明する．また，地方都市は大都市圏のスポーツ政策に便乗せざるを得ないため，一過性のスポーツイベントになっている実状を明記している．その後，海外から稼ぐ地方創生として，バルセロナ市を取り上げる．Society5.0の実現に向けた技術の活用としてFCバルセロナの事例を記述した．新たなビジネスモデルの構築等による地域経済の発展のために，地方都市のスポーツ施策は欠かせない．そこで，地域における持続可能性のあるスポーツプロモーションの運営体制について述べる．最後に，アーバンスポーツの今後の方向性を示唆している．

　第2章では，佐々木達也先生（城西大学）がプロスポーツの集客として，野球とサッカーの歴史から紐解いている．プロ野球の歴史から現在のプロ野球に至る背景，および現状について述べている．特に，横浜ベイスターズの集客について焦点を当てて解説している．その後，サッカーの歴史やJリーグの集客について述べ，ツヴェーゲン金沢などの地域におけるプロスポーツクラブについて述べている．

　第3章では，田島良輝先生（大阪経済大学）が地域スポーツイベントについて記述している．ツーリズム型スポーツイベントを活用したまちづくりとして，南紀白浜トライアスロン大会を題材として分析している．先ず，南紀白浜トライアスロン大会をツーリズム型スポーツイベントのサービスプロダクト分析として，大会参加者の実態把握，大会満足度や再参加意思に影響を与えるサービス評価因子について解説している．次に，南紀白浜トライアスロン大会のつくり方として，マーケティング分析の手法と，大会を成功に導くマーケティングミックスの開発と組織運営の3つのポイントを的確に解説している．学生によるスポーツまちづくりの企画発表として，「Sports Policy for Japan」大会参加の様子を誌上で再現している．人口減少と空き資源の活用から南紀白浜トライアスロン大会の可能性を学生ならではの自由な視点で企画している．大学にお

けるゼミ活動を垣間見ることができる.

　第4章は，地域スポーツクラブのマネジメントとして，西村貴之先生（金沢星稜大学）が記述している．先ず，総合型地域スポーツクラブのマネジメントの前提条件として，総合型地域スポーツクラブの多様性，本章におけるマネジメントの定義，目的と手段，および，スポーツのマネジメントとスポーツによるマネジメントの差異を提示している．次に，ミッション，ビジョン，事業について説明し，ミッション・ビジョン・事業の関係性について述べている．さらに，総合型クラブの運営組織と活動拠点についてわかりやすく解説している．総合型スポーツクラブの特徴であるプロダクトづくりについては，スポーツ・健康教室，イベントなどを紹介し，ケーススタディから学ぶ連携・協働の体制づくりを述べている．最後に，総合型クラブの財務について記述している．総合型クラブのお金の流れと考え方，総合型クラブの主な収入と支出，事業費と管理費，総合型クラブの全体収支となる収支決算書と個別事業収支の関係について解説している．収入と支出については，項目まで網羅している．

　第5章では，地域スポーツ組織について，内田満先生（九州共立大学）が解説している．先ず，スポーツ組織とスポーツ支援組織について，セクター論，法人格，スポーツ組織論の課題について取り上げる．次に，組織の構成として，主にNPO法人を事例として取り上げ，スポーツ組織の主体やスポーツ支援組織について記述している．最後に，スポーツNPOマネジメントとして，NPOの歴史的背景を述べ，市民と地域住民，スポーツNPOマネジメント，理念を作る，事業，組織および資源について順に記述している．

　第6章として，地域スポーツ政策について，舟木泰世先生（尚美学園大学）が分析している．先ずは，生涯スポーツについて，生涯スポーツの変遷と定義をしている．次に，スポーツにおける行政組織について，中央組織のスポーツ行政，都道府県組織および市町村組織のスポーツ行政にわかりやすく解説している．次にスポーツに関する法律と行政計画について述べている．おわりに，近年の地域スポーツに関する政策の変遷について，地域スポーツクラブの育成・支援，スポーツを通じた健康増進，スポーツによる地域活性化，スポーツ関連予算について，詳細に記述している．

顕著となってきたアーバンスポーツによる地域活性化
　今，日本のスポーツ界でアーバンスポーツという新しい流れが急速に高まっ

ている．アーバンスポーツというのはスケートボード，スポーツクライミング，自転車であるBMXのフリースタイルなど，若者に人気のある都市型スポーツである．今，アーバンスポーツを活用したまちづくりが日本各地域で行われている．

　2020年東京オリンピック・パラリンピックの大きな課題として，若者のスポーツへの参加が挙げられている．野球を筆頭に若者の競技人口が減っていく中，都市で狭いスペースでできるアーバンスポーツは非常に若者の参画を促進させることができる．若者に参加してもらうため，若者に人気のあるアーバンスポーツなどが追加種目や新種目として加わった．

　アーバンスポーツの特徴は，部活等からスタートし，社会人やプロになるという日本のスポーツ界における一般的なピラミッド型に当てはまらないことである．1人で始められる気軽さがあるので，いつ始めて，いつやめて，いつ再開しても良いため，自由度が高い．また，環境や指導者を自ら選ぶことができる．さらに，部活動などに入部しているわけではないので，他のスポーツとの掛け持ちが容易である．生活の中に溶け込んでいるので生涯続けられる．アーバンスポーツの頂点はプロまでつながっている．街中で行うことができるため，スタジアムやアリーナがいらないという大きな特徴が挙げられる．

　2020年以降，日本のスポーツ界における大きな流れの1つになると言われている．その特徴に目をつけてサーフィンなどのアーバンスポーツをまちづくりに役立てようとしているところがある．サーフィン会場に選ばれた千葉県長生郡一宮町にある九十九里浜の釣ケ崎サーフィンビーチには，世界のトップサーファーが集結することになる．東京オリンピックは，初めてサーフィンが採用された大会として記憶に残るだろう．また，神奈川県寒川市は東京オリンピックにおけるスケートボードの予選大会会場に唯一認定された．昔ながらの古いイメージを払拭するために公園にストリートスポーツ用のパンプトラックを建設した．さらに神戸で活動していたプロBMX選手である内野洋平氏の協力もありストリートスポーツの世界大会である「ARK　LEAGUE」とスケートボードのみであるが寒川町と連携して開催の決定に結び付けた．寒川町はこれを機にストリートスポーツの聖地化を目指すことになる．

　このような事例は，マイナースポーツを世に広めたい団体や活性化を目指す町や村という地域において大きな可能性を期待できる事例である．このように地域とマイナースポーツが連携し全国に発信していくことが，アーバンスポー

ツを含めたマイナースポーツの発展および地域活性化の 1 つの契機となろう．
その結果，若い世代のスポーツ参画人口を増やすことにも繋がっていく．今後，
アーバンスポーツの活動が地域を巻き込んで全国的に展開されていくことにな
るだろう．

　　2020年 9 月
　　2021年東京オリンピック・パラリンピックにおける日本代表選手の活躍を祈念
　　して

　　　　　　　　　　　　　　　　　　　　　　　　　相 原 正 道

◉ 地域スポーツ論——目次

5 地域スポーツ組織 ……………………………………………… 115

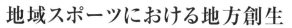

1

地域スポーツにおける地方創生
—— ポスト2020東京オリンピック・パラリンピック ——

地方都市の危機的状況

地方都市は少子高齢化に加えて大都市圏への人と金の流出が止まらない.

この現状を打破するための地方都市政策は, 国からの補助金によって促進される都市間競争の枠組みで展開されており, いよいよ地方都市の持続可能性は極めて厳しい状況にあると言わざるを得ない.

自然災害の多い日本では, 一貫して東京一極集中が進行しており, 東京一極集中は大きなリスクとなる要因がある. 日本も高度経済成長以降は長期的に低下傾向が続いている. 世界的な都市間競争の時代の中で, 日本全体の成長力を高めるには, 東京一極集中に頼るのではなく, 国全体の成長をけん引する国際競争力を持つ拠点都市を複数創出することが望まれる. 総務省統計局［2020］によると, 日本の人口は1億2368万8000人となっており, そのうちの高齢者の割合は28.9％. 日本は人口減少が進行する中, 高齢社会が激化していく. 2060年には, 総人口が8673万人にまで減ると予測されている. そのうちの高齢者の割合は約40％を占めることとなる. そのため, 生産性の低下と労働力の低下が懸念されている.

「まち・ひと・しごと創生総合戦略」における地方創生

このような背景がある中で, 2014年に始まった政府の地方創生政策は5年が経過し, 2020年度より第2期に入る. 2019年6月に公表された「まち・ひと・しごと創生基本方針2019」では新しい時代の流れを力にするとして, 「新たなビジネスモデルの構築等による地域経済の発展」,「海外から稼ぐ地方創生」,「Society5.0の実現に向けた技術の活用」,「スポーツ・健康まちづくりの推進」

が2020年度の取組みとして掲げられている．

　スポーツ・健康まちづくりの推進，海外から稼ぐ地方創生，Society5.0の実現に向けた技術の活用，新たなビジネスモデルの構築等による地域経済の発展という4つの観点から，地方都市におけるスポーツ政策は都市の質を高めるエンジンとして重要視されている．スポーツや健康が都市の発展にどのように関わっていくかは重要な課題となっている．4つの視点から検討していく．

「スポーツ・健康まちづくりの推進」

　スポーツ庁における未来開拓会議中間報告によると，2025年のスポーツ産業の市場規模は15.2兆円と予測されている．一方で，医療・健康市場は2000兆円の産業市場規模を有している．医療・健康市場は，スポーツ市場のおよそ13倍の市場規模を有しており，その差は歴然としている．スポーツ単体の産業規模を見るのではなく「スポーツと健康」という関連付けることで市場規模の可能性は大いに拡大できる．**図1-1**におけるスポーツと医療市場を融合させる点線部分に大いに可能性がある．

　ただし，コーチング分野における教育市場は市場規模ではなく，高度化を促進させるべきだと考える．

　1つの分野のみで教育や研究を発展させることは学生数や予算など多面的に困難であり，これまで以上に連携が必要になる．大学においても，他では出来ないような連携によって独自色を出す必要がある．通常なら想定しないような

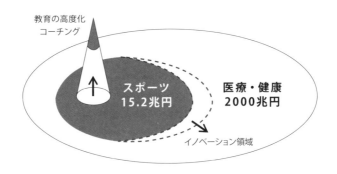

図1-1　2025年のスポーツ市場と医療・健康産業の概念図

（出所）筆者作成．

異業種との融合に勝機（商機）があるのではないか．大学におけるスポーツ健康まちづくりを学ぶコースには，スポーツ，ビジネス，医療従事者という専門領域に長けた学生を育成できる．このことを核とした学部構築は「スポーツと健康」という学部のコンセプトを具現化するのに最適なだけでなく，「融合」へのポテンシャルを大いに期待できる．

近年，日本のスポーツイベントは，「スポーツによる街おこし」や「スポーツツーリズム」といった集客目的で実施されている．地方のスポーツ政策においても，賑わいを呼ぶイベントが頻繁に行われている．イベントの成否が集客による経済効果のみで判断される傾向があるが，街の「賑わい」という魅力は，一過性のスポーツイベントでつくるだけでは持続可能性がない．

スポーツは言語や人種，性別などの垣根を越えて楽しみながら互いの精神的距離を近づける絶好の行為だと言える．運動は気晴らしやストレスを取り除くことにも効果がある．こうしたスポーツの価値を最大限活用してこそスポーツを活用する価値があろう．

スポーツの価値を検討する場合，経済価値だけでなく，社会価値が重要となる．さらに，近年では，環境価値と教育価値を加えた4つの観点からバランスよく組み合わせた都市の持続可能性につながる都市戦略が重要となっている．例えば，経済力を伸ばそうとするあまり社会から公平性が喪失されたり，長時間労働が日常生活における質の低下を招くような事態になると，都市の質は下降する．一方，ある程度の経済力がなければ，インフラの機能不全，失業などが生じて社会が不安定になり都市の質が低下してしまう．したがって，経済・社会・環境の要素がバランスよく整い，持続可能性を備えた都市こそ質の高いスポーツ都市といえるだろう．

経済価値については，雇用は十分にあるか，キャリアアップのための継続的な教育機会があるか，輸出経済を担う事業者がどれくらいあるか，あるいは拠点の信頼性を高める長期的な投資が可能であるかなどが挙げられる．社会価値については，公共性の確保，富の最適な再分配，福祉や文化，教育の充実，生活の向上といったような取組みが挙げられる．環境については，自然保護，二酸化炭素（CO_2）排出の低減，持続可能なエネルギーの普及などの取組みが挙げられる．

スポーツを通じた健康寿命の延伸

　少子高齢化が進む日本は，人々が街に出かけてスポーツ活動に参加し，健康に暮らすことが医療費・介護費を削減する上でも今後ますます求められるようになる．高齢化の進展に伴い，2014年度の国民医療費は，日本全体で40兆8071億円となり，8年連続で過去最高を更新している．年齢別では，65歳未満の16兆9005億円に対して，65歳以上は23兆円9066億円と全体の6割を占めている．高齢者の健康状況が医療費に与える影響が大きくなっている．また，保険料を健康年齢で算定する生命保険商品が登場するなど，従来のように，単に年齢ということだけでなく，健康である年齢ということが重要になってきている．

　大阪府の平均寿命は男性79.06歳（全国平均79.55歳），女性85.90歳（全国平均86.30歳），健康上の問題で日常生活が制限されることなく生活できる期間のことをいう健康寿命は，男性69.39歳（全国平均70.42歳），女性72.55歳（全国平均73.62歳）となっており，男女ともに全国平均を下回っている．さらに，「不健康な期間」（平均寿命と健康寿命の差）とされる期間も全国平均より長くなっている．「不健康な期間」が長くなれば，個人の生活の質を損なうだけでなく，医療費や介護費などが多く必要とする期間が増大することになる．

　しかし，1年間に渡る速歩トレーニングによる体力の向上，メタボリックシンドローム（内臓肥満に高血圧・高血糖・脂質代謝異常が組み合わさり，心臓病や脳卒中などの動脈硬化性疾患を招きやすい病態）の予防により，大阪市域で医療費が年間約1040億円削減されるとの試算がある．医療費抑制の観点からも，スポーツ・運動の実施は重要となってくる．

　自分自身が健康増進に関心を持ち，ウォーキングやジョギング，健康体操やスポーツ・レクリエーションなどを行う人が増加しており，市民が気軽にスポーツ・運動を続けられる環境を整備することが重要である．そこで，大阪市では健康寿命を延伸し，活力ある長寿社会の実現のために，厚生労働省が定める「健康づくりのための身体活動基準2013」に基づき，大阪市民の身体活動量の現状を把握し，分かりやすく「見える化」することなどにより，働き盛りの世代や忙しくて時間の確保が難しい人，運動したくてもやり方がわからない人，および，高齢者などが，日常生活の中で取り組めるスポーツ・運動の普及，あるいは，スポーツ医・科学などと連携し知見に基づいた運動プログラムを気軽に取組めるような開発など，大阪市の健康局は連携しながら運動を習慣化する取組みを推進している．

「海外から稼ぐ地方創生」

大阪も日本の現状と同じく人口が減少し，35年後には約13％減ると予測されており，2016年，2017年の訪日外国人の約4割が大阪に訪れている．さらに来阪外国人旅行者数は年々増加し，2011年の621万人から2017年には2869万人と約4.6倍となり，その消費も2014年から2017年で約4.45倍となっている．日本全体の人口減少が進み，消費も同様に減少されるが，訪日外国人8人分の消費（もしくは国内宿泊旅行者25人分）が定住人口1人分の消費に相当することから，観光交流人口を増大させることが重要になってくる．日本における人口減少から鑑みても，観光交流人口の増大はさらに必要性が高まるだろう．

地方都市は大都市圏のスポーツ政策（一過性スポーツイベント）に便乗せざるを得ない

2019年からは，ラグビーワールドカップ2019，2020年東京オリンピック・パラリンピック競技大会，関西ワールドマスターズゲームズ2021と，「ゴールデン・スポーツイヤーズ」とも呼ばれる，国際的な大規模競技大会が3年連続で開催されることは，日本はもとより，世界でも類を見ないものである．スポーツ振興を図る絶好の機会と捉えるべきである．スポーツ人口の拡大やスポーツ産業の発展など様々な面において相乗効果が期待されている．1億総スポーツ社会の実現を目標に3大会の組織委員会による連携協定が2017年11月20日に締結している．

ゴールデン・スポーツイヤーズ（ラグビーワールドカップ2019や2020東京オリンピック・パラリンピック（2021年に延期），2021年ワールドマスターズゲームズ関西）の開催を契機として推進されている地域スポーツ関連の施策は，これまでの地域スポーツ施設（スタジアム・アリーナ）の改革的開発やスポーツツーリズムの観光地開発などをエンジンとしたスポーツ産業振興や地域活性化を志向するものとなっている．BリーグやTリーグの創設やスポーツイノベーションの創出などが，プロスポーツビジネスの量的・質的な拡大を後押ししている．そのため，持続可能性の危機に晒された地方創生競争に巻き込まれた地方都市は，東京圏に負けまいと次のスポーツ政策に乗らざるを得ないのが現状だ．しかし，メガスポーツイベントを契機とした施策の効果は持続的ではないし，プロクラブの経営の成否に依存した施策は継続的な安定をもたらすだろうか．

また，メガスポーツイベントやプロスポーツに関連する人や金の循環をエネ

ルギー源としたスポーツ関連施策が都市間競争的であるため，勝機はより大きなマーケットを抱える規模の都市か，あるいは挑戦的・先進的な施策に着手できる都市にしか施策を実施できない．

そのようなことが懸念されるが，2府9県にまたがる広域で開催される「ワールドマスターズゲームズ関西」に注目している．2014年「オリンピックアジェンダ2020」提言6では，夏季オリンピック後に同一国でワールドマスターズゲームズを開催することが調印されている．今後，2025年のパリ，2029年のロサンゼルスでもワールドマスターズゲームズが開催されることになるが，2021年のワールドマスターズゲームズ関西は調印後初となる大会なので，今後のモデルケースとなる大会である．ラグビーワールドカップと東京オリンピック・パラリンピックとの一体的な推進により「みる」「ささえる」スポーツの機運を「する」スポーツへ醸成させることがワールドマスターズゲームズ関西の基本理念の1つである．

ワールドマスターズゲームズ関西は，アジア地域で初開催となり，参加者5万人となる過去最大規模の大会となる．特に，ワールドマスターズゲームズ関西は2府9県にまたがり広域で実施される特徴がある．こうした運営のメリットやデメリットを整理すると，メリットとしては，1461億円の経済効果．大阪や京都などのブランド力のある観光地を抱え，宿泊や飲食などの消費額がさらに膨らむことになる．また，広域開催なので，開会式は京都市，閉会式は大阪市．競技会場はラグビーワールドカップの試合が行われた花園ラグビー場もあれば，小さな公立体育館もある．既存施設を利用するため，コストがかからず，収益率は高い．オリンピック・パラリンピックは1兆円かかるが，ワールドマスターズゲームズ関西の大会運営費は約28億円と安価である．この内，国，地方自治体，関西財界を中心とする企業に1/4ずつ割り当て，残りを選手からの参加料で賄う方針である．

リオデジャネイロオリンピックの参加選手は，約1万1000人．ラグビーは約1000人であるが，ワールドマスターズゲームズ関西の参加選手は約5万人である．「する」スポーツというライフスタイルに参加した高齢者，観戦した子供たちに普及させて，健康社会を実現することで健康への意識が高まれば，医療費削減にもつながる．家族，職場の同僚，世界から集まった約5万人の「する」スポーツの大会が少子高齢化，長寿社会を迎えた日本の新たなスポーツ文化を切り開く可能性がある．スポーツ人口の増加は新しい市場が生まれ，関西に多

いスポーツ用品産業の利益にもなれば，持続可能な好循環モデルとなる可能性がある．

デメリットは，東京オリンピック・パラリンピックの経済効果2兆円から比較すると，1461億円は少ないことである．スポーツイベントの売上高を向上させる3本柱は入場料，放映権，グッズ売上である．阪神タイガースはチケットだけで年間100億円を超える．Jリーグは2017年に英国のパフォーム・グループと10年総額2100億円の放映権契約を結んでいる．また，観客やメディアの数は少なく，選手村は存在しない．「みるスポーツ」の観点でなく，「するスポーツ」の観点で検討することが重要である．

大阪や京都ではなく，地方都市である徳島県を事例としてあげる．徳島県では公式競技として，ウエイトリフティング，カヌー，ボウリング，ゴルフ，トライアスロンという5競技6種目が行われ，開催期間に先立ってオープン競技としてビリヤード，軟式野球，マラソン，タッチラグビー，サーフィン，ラフティングの6競技6種目が実施される．

徳島県における開催メリットは，関西国際空港に降り立った参加選手は開催地である徳島県へ直接向かってくれることである．徳島県には，サテライトビレッジが設置されるので有効活用することが期待される．前回のニュージーランドで開催されたオークランド大会を視察したが，オークランド市中心部の波止場は交流会場「エンタテイメント・ハブ」が設けられていて，音楽やパフォーマンスが繰り広げられ，参加者の憩いの場となっていた．初対面で国籍の違う者同士がプレーやパフォーマンスを讃えあう．スポーツ愛好者としてすぐに親しくなれる雰囲気がそこにはあった．サテライトビレッジでの日本文化の紹介などを含めた活動がどうなるのか期待している．

開催地域には選手の他にもその家族などが訪れることが予想される．大会を活用して地域への経済効果などをもたらすには，地域住民は大会にどのように関わることがよいのか施策を検討する必要がある．四国八十八ケ所巡礼のお遍路さんで有名な徳島県の方々には，すでにおもてなしの心が根付いている．こうした既に存在する日本人に対するおもてなしの文化を，外国人にも実施することが重要である．気軽に挨拶をして話すだけでも，日本人の親切さが伝わると考えている．コミュニケーションを図るツールとして携帯電話の翻訳アプリを使えば，十分に親切なコミュニケーションが図れるので，外国語が話せる話せないの問題ではない．そうした日本人のおもてなしが，日本でも知られてい

なかった新しい地方の魅力を外国人がSNSで世界へ発信してくれる．そういった無形（インタンジブル）サービスがツーリズムなどを促進させていく．

　オークランドの郊外では会場までの案内板が手作りだった．組織委員会の手が回らないことを，地元の人が親切で作成してくれているんだろうと推測し，大変好感を持てた．こういう工夫ある親切をしてくれるだけでツーリストしては大変助かった．アシストスーツなどのロボット技術やITなどを活用した新しい観光をパイロット版として実施してみるのはいかがだろうか？

「Society5.0の実現に向けた技術の活用」事例：FCバルセロナ

　５G時代が到来し，高速で大容量なビックデータが出現する．Society5.0の実現に向けた技術の活用においては，都市のデジタル化には幅広いテーマが想定される．デジタル×まちづくりに関する背景として，今までの取組みとの親和性および，市場性から観光，交通，スポーツ，健康教育をキーワードとして検討を進めなければならない．目指すべき都市×デジタルの姿として，都市の基盤の整備，新規ビジネス創出環境整備，地元企業の新規ビジネス創出，最終的には，地元企業の雇用拡大，観光客増加，地域の知名度・魅力向上につなげていく．また，その結果を計画策定に反映していくことが重要である．結果的に，生活の質や都市の価値が高まる好循環が創出される．こうした都市のメカニズムを高松［2020］は「クオリティ・ループ」という表現で提示している．スポーツイベントのデータを軸に，都市のオープンデータ等と連携したスマートシティ・スーパーシティを目指すことで，地域でスポーツを享受する住民を中心とした住民主導型のまちづくりが可能となる．

　Society5.0の実現に向けた技術を活用している都市の一例として，スペイン・バルセロナ市をあげる．1992年のバルセロナオリンピックを契機に都市としての知名度は向上した．オリンピック以降は，経済不況やインバウンドの増加などで都市におけるバランスの矛盾が発生した．世界が注目する開催中は誇りに持てるが，来年はオリンピックが開催されないことへの危機的感情に陥る．日本もその準備をしておかないといけないが，バルセロナにはその経験がある．

　現在，バルセロナ市の主導のもと，地域経済活性化だけでなく欧州５Gハブとしての収益拡大を狙った自治体進化プロジェクトが進められており，FCバルセロナは市の構想に合意し，スタジアムへのローカル５Gを導入する．

　南ヨーロッパにおける５GのリーディングHubとなることを目指し，カタ

写真1-1 FCバルセロナのMASIA

（出所）筆者撮影.

ルーニャ州やバルセロナを中心に官民共同で2018年に発足されたプロジェクトである. バルセロナで官民問わないコラボレーションを推進し, 5 G含めたテクノロジーに関する取組みを活性化することで, 外国からの投資誘致や新たなビジネスや産業を生むことを狙いとしている.

　FCバルセロナのEspai Barça projectは, Nou Camp Nou（スタジアム）を含むFC Barcelonaの施設インフラ（Palau Blaugranaや事務所, 商業施設など）の大規模改善プロジェクトで, Nou Camp Nouのリノベーションに約430億円, プロジェクト全体では約720億円の投資見込み（市とFCバルセナの出資スキームは不明）. 具体的な施策としては, Nou Camp Nouでの試合のライブ動画, 1 軍選手のトレーニングセッションやスタジアムのバーチャルツアーをファンにコンテンツとして提供. スタジアムに点在される360度カメラからのリアルタイム配信により, 自宅からファンの好きな角度での観戦可能になる（**写真1-1**）.

「新たなビジネスモデルの構築等による地域経済の発展」地方都市のスポーツ施策

　地域におけるスポーツ施策は, スタジアム・アリーナ施設の開発やスポーツツーリズムの観光地開発などをエンジンとしたスポーツ産業振興や地域活性化を志向するものとなっている. BリーグやTリーグの創設し, 量的にも質的に

もプロスポーツビジネスの拡大を後押ししている．そのため，持続可能性の危機に晒された地方創生競争に巻き込まれた地方都市は，東京圏に負けまいと次のスポーツ政策に乗らざるを得ないのが現状である．しかし，プロクラブの経営の成否に依存した施策は不安定だ．また，メガスポーツイベントやプロスポーツに関連する人や金の循環をエネルギー源としたスポーツ関連施策が都市間競争的であるため，より大きなマーケットを抱える規模の都市か，あるいはよほど先進的な施策に着手できる都市にしか勝機はない．

　上記のように，プロスポーツやツーリズムによるスポーツイベントの影響により「観るスポーツ」の観点が重要視されている．日本国民の多くは学校体育で運動に接するが，好き，嫌いには個人差がある．年齢を重ねるごとにプロ野球や相撲などの観戦を楽しんでいても，スポーツをやってみようという意識が低くなりがちである．そのため，「するスポーツ」の観点が欠落している．イベントを含む実践的な身体活動を促進すべきである．地域住民が集い，参加するスポーツイベントこそが，身体運動を楽しむ活動となり，生活の質を向上させる社会価値が高くなる．

　スポーツイベントに係る人々の関心は，経済価値に向けられる傾向がある．ミクロ的な視点で直接的な経済効果だけを求めるのではなく，マクロな長期的視点をもって，社会や環境への影響にも目を向けておく必要がある．毎年大きな経済効果を生み出すスポーツイベントであっても年々生態系を壊していたり，教育的な配慮が欠落しているようでは，継続することはできない．ここに示す経済価値・社会価値・環境価値の3つの条件が整っていることで，継続的にスポーツ施設利用者やイベント参加者がその地を訪問する仕組みができるのである．

　社会価値は，スポーツイベントへの参加およびその経験を通して満足が獲得されること，スポーツイベントに関与する人々の教育や健康に関するベネフィットが獲得されること，そして地域の社会・文化の発展が達成されることなどの多様な目的が含まれる．

　先述したように，大阪市の医療費削減によると，1年間に渡る速歩トレーニングによる体力の向上，メタボリックシンドロームの予防により，大阪市域で医療費が年間約1040億円削減されるとの試算されている．医療費抑制の観点からも，スポーツ・運動の実施は重要となってくる．医療費が削減できるならば，経済価値を創出することになる．

　さらに，SDGsを含めた環境価値も重要となる．スポーツイベントの実施に

おいて悪影響を最小限に留めるような環境保護が果たせることや，施設建設などにおける自然環境との調和などが含まれる．国連やIOCも積極的に推進している．特に，感染症を含めた環境教育は課題となる．世界的に見ても，環境教育は体験型学習が少ないことを国連やIOCの環境政策の面から私も論文で指摘している．その中にあって，スポーツとゴミ拾いを組み合わせた「スポーツゴミ拾い大会」は国立環境研究所の調査でも教育効果が高いことを検証されている．子供の運動効果や環境教育の観点から教育価値を創出するスポーツイベントとすることが求められる．

そして，スポーツイベントという事業が行われる地域およびそのステークホルダーに経済的な便益をもたらすことも求められ，その地域における経済効果や各種産業の発展ができることで循環型持続可能性のあるサイクルが実現できる．そのため，まちづくりや都市計画などのマネジメントから地方都市の持続可能性に寄与する4つの価値において，相乗効果を求めていく運営体制が重要となる．

具体的な運営体制は，スポーツ経営のあり方を検討すべきである．都市におけるスポーツ経営の主体は多様だが，持続可能性のある都市の4つの価値を重視するという理念を共有する場合，各主体のスポーツ経営やその連動・連携・協働はどのようにあればよいのだろうか．通常，政府主導の国民運動であれば，政府が主導となり社会課題解決のために税金を使う．例えば環境省が主体となって実施している地球温暖化防止の「COOL　CHOICE」や農林水産省が実施している「食品ロス削減運動」などが事例となる．これらの国民運動の費用は，数千万から数十億円単位で計上されている．

政府が主導する国民啓発運動の体制は，官民連携して大きく運動を広げ難い原因として，3つの理由が挙げられる．先ずは，政府が主導でする国民運動であるため企業の特定の商品のみのPRが使用できない．結果，企業としてはCSRでしか啓発活動が実施できなくなり，少額の予算でしか国民運動に参加できなくなる．社会課題に対して直接的な解決策となる商品を持っている企業でも商品PRとして運動に参加し難い運動体制になっていることが問題である．次に，政権交代により運動自体の名称や呼称，活動内容および事業仕分けなどにより，急に国民運動自体が無くなったりするため，継続性が担保されていない．企業としては，急に名称や呼称が変更されるような国民啓発活動に参加しにくい．仮に，商品やパンフレットに国民運動名などを記載して配布していた

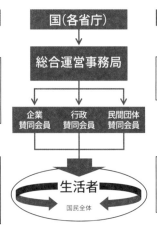

図1-2　政府主導体制におけるメリット・デメリット

（出所）熱中症予防声かけプロジェクト［相原 2017：165］.

ら廃棄を余儀なくされる．企業だけでなく民間団体や地方自治体も同様だ．最後に，国民運動を委託される事務局も，毎年競争入札で変わるため，運営事務局自体の継続性がない．

　政府の担当者も社会課題の解決のため，効率良く運動を広げたいが，政府が主導で実施する国民運動では，国民の税金が使用されるため，その使途に責任が伴うのは当然である．そこで，税金を使って実施する政府主導の運動ではなく，官民（政府や企業・民間団体そして地方自治体）が一体となって熱中症という社会課題を解決するために連携しやすい運営体制で運動を実施しているのが，「熱中症予防声かけプロジェクト」である．同プロジェクトでは，地方自治体，民間企業および民間団体と連携して官民一体で熱中症の啓発活動を実施する．政府は間違った情報を企業や自治体などが使って啓発活動を実施しないように監督役として支援している．こうすることで，より効率的に国民運動が盛り上がりを見せ，継続的に運動している（**図1-2**）．

地域における持続可能性のあるスポーツプロモーションの運営体制

　身体運動を楽しむ活動となり，生活の質を向上させる社会価値が高くなる「するスポーツ」の観点から，実践的なスポーツプロモーションを促進すべきであ

る．地域における参加型スポーツプロモーションを実践する上で2つ重要なことがある．1つは，様々なスポーツ関連の活動を1つのテーマに沿って「パッケージ化」することだ．もう1つは，スポーツ関連活動を一堂に集め参加者が概観できる「パーク化」である．そのために，新たなコンテンツの楽しみ方を提供し，ファン層の拡大とロイヤリティを向上させることが重要であり，統合的なスポーツマネジメントが必要となる．さらに，スポーツをメディアやエンタテイメント分野で昇華させることができれば，「するスポーツ」である参加型スポーツイベントは最も効果的なプロモーションとなろう．

　その効果的な事例として，親子3世代が参加する一般社団法人CHIMERAのスポーツイベントを挙げられる．従来の社会課題に対する予算の使われ方ではなく，産官学一体で実施するソーシャルムーブメントにおける仕組みや体制・啓発方法を工夫している．政府主導の社会問題解決プロジェクトにおいては，政権交代などにより継続性が担保されていないことと，企業PRなどにおける規制が厳しいことがデメリットである．しかし，CHIMERA Unionのスポーツイベントでは，産官学が一体となった事務局体制を構築し，運営を実践している（**図1-3**）．

図1-3　CHIMERA GAME

（出所）CHIMERA　Union.

80以上の遊びのコンテンツをパッケージ化→パーク化

　CHIMERA Unionは，「昔の子どものように自由に遊べる"場所"と，何にでも挑戦できる"機会"を与えたい」という思いと目的を持って設立された団体である．CHIMERA GAMESは，普段の生活では経験できないようなアクティビティーが80種類以上も集結している．例えば，BMXやスケートボードといったアーバンスポーツや，ダンス，ダブルダッチなどのストリートスポーツ，進化したけん玉や鬼ごっこや親子で楽しめるキッズヨガ，スラックライン，ランバイク，ウォールトランポリン，ポゴスティックなど学校や公園で遊んでいるだけでは体験できない遊びまで80以上のコンテンツを提供し，中学生以下が無料となっている．

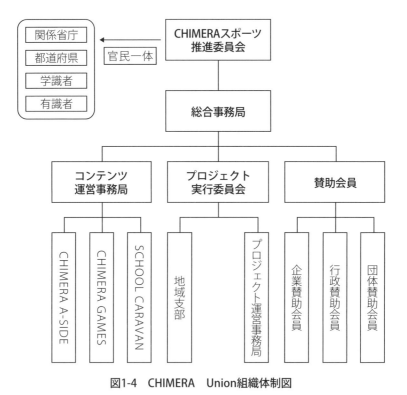

図1-4　CHIMERA　Union組織体制図

（出所）CHIMERA　Union.

このようにスポーツからダンス，最先端鬼ごっこまで80種類以上の無料アクティビティーを用意し，学校や公園では遊び足りないキッズ達を"遊びきらせる"ための巨大遊技場としてパーク化している．子供の体育嫌いが50％に達しようかという現代において，CHIMERA GAMESは様々なアクティビティーを見る・触れる機会を提供することで，子ども達の可能性を育むイベントになることを目指している．いわゆる体育会競技ではないアーバンスポーツが楽しめることに特徴がある．エクストリームスポーツや，ストリートスポーツをはじめ子どもたちがあらゆるカルチャーに出会える機会をつくり，自身が体験することによってその世界に興味を持ち，夢の選択肢を広げる環境をつくりだしている．

あらゆるスポーツやコンテンツを融合したスタイルであるため，イベントやワークショップ，小学校での体験会などをパッケージ展開している．

また，Xゲームのオリンピアン級のアスリートも参加し，会場装飾や演出レベルが高いため，エンタテイメント性が非常に高い．楽しみながら学ぶ，エンタテイメントとエデュケーション（教育）を合わせた「エデュテイメント」を意識したスポーツイベントを実践している．3世代の親子を含めた地域住民，行政，企業，ボランティアの学生などが一堂に会するためコミュニケーションの場（社会資源装置）を創出している．

こうしたCHIMERAスポーツの運営体制として，官民一体型のスポーツ推進委員会を設立し運営している．学識者や行政機関などで全国組織を構成し，民間企業の経済価値に偏らない体制を実践している．運営事務局はCHIMERA Unionが担当することで，継続的な運営が可能となっている（**図1-4**）．

CHIMERAスポーツ推進委員会は，理事会＆第3者評価機関の機能を有しながら，運営事務局の連動・連携・協働体制の構築している．地域で開催される場合は，実施地域の委員会を発足させ，定期的に実施（事前，直前2回，事後），各実施イベントを評価・報告していく．世界中どこを探しても見つからない最大級のアーバンスポーツの祭典になることを大いに期待している．

今後は，子ども達の体力や適性を発見する「スポーツテスト」を実施すれば，親子3世代が参加するスポーツイベントのデータを軸に，都市のオープンデータ等と連携したスマートシティーを目指すことが可能となる．地域でスポーツを享受する住民を中心とした住民主導型のまちづくりが可能となれば，Society5.0の実現に向けた技術を活用して地域住民の医療費削減を促進するこ

とが可能となろう．また，災害などの危機管理対策，防犯対策の啓発するイベントも同時に開催すれば防災・防犯対策にもなる．

運動効果，医療費削減，防災や防犯，環境教育を含めた社会問題啓発効果，コミュニケーション効果など，社会価値・経済価値・環境・教育価値が創出できる社会資源装置の機能を果たしている．スポーツの特性を最大限活かした効果的な地域創生プロモーションとなっている．現代は経済→社会→教育効果の順で検討するが，次世代を担う子供たちへの教育から考え，教育→環境→社会→経済効果の順で検討するスポーツプロモーションが求められている．

謝辞

本研究はJSPS科研費JP19K12568と，2019年度大阪経済大学共同研究費の助成を受けたものです．

参考文献

相原正道［2017］『多角化視点で学ぶオリンピック・パラリンピック』晃洋書房．

毛受敏浩［2016］『自治体がひらく日本の移民政策』明石書店．

久保隆行［2019］『都市・地域のグローバル競争戦略』時事通信社．

高松平蔵［2020］『ドイツのスポーツ都市』学芸出版社．

谷口守［2019］『世界のコンパクトシティ』学芸出版社．

広瀬憲三［2020］『関西復権の道』中央経済社．

ウェブ資料

総務省統計局［2020］「人口推計——2020年（令和2年）6月報——」（http://www.stat.go.jp/data/jinsui/pdf/202006.pdf 2020年7月15日閲覧）．

2 *regional sports*
プロスポーツの集客

▶ *1.* プロスポーツリーグの誕生

　日本にプロスポーツが誕生したのは1936年に日本職業野球リーグが設立されたのが最初である．つまり，現在の日本プロ野球リーグ（NPB）は80年以上の歴史がある日本最古のプロスポーツリーグである．

　半世紀以上遅れて，サッカーのプロリーグＪリーグが1993年に開幕，現在四半世紀の時を経て拡大の一途を辿っている．また，2015年には，男子バスケットボールのプロリーグＢリーグが，2018年には卓球のプロリーグＴリーグが次々と誕生して，日本においてプロスポーツビジネスが花開いている．

表2-1　プロスポーツ誕生の系譜

年代	出来事
1936	プロ野球誕生
1993	男子プロサッカーJリーグ誕生
2016	男子プロバスケットボールBリーグ誕生
2018	男女プロ卓球Tリーグ誕生

2. プロ野球

野球の歴史

　日本における最も歴史のあるプロスポーツであり，最も人気のあるスポーツはプロ野球である．野球が日本に伝えられたのは，1872年にアメリカ人教師，ホーレス・ウィルソンが伝えたとされている．その後，アマチュアスポーツとして野球は発展していった．1903年に早稲田大学対慶應義塾大学の試合，いわゆる早慶戦が初めて開催された．現在の高校野球夏の甲子園大会は，1915年に始まり，1942年から1945年の戦時中の中断期間を挟み，2018年に100回大会を迎えた．春の選抜甲子園大会は，1924年に始まった．その翌年，1925年に東京六大学野球，1927年に企業同士の社会人野球大会，プロ野球の歴史より前に野球が日本で普及した．アマチュア野球が発展をして，1934年にベーブ・ルースら米大リーグ選抜チームが来日して，この時，対戦した全日本チームが中心となり大日本東京野球倶楽部，現在の読売ジャイアンツ(巨人)が誕生した．その後，痛ましい戦争（第二次世界大戦）で全ての試合を中断せざるを得ない状況となったが，終戦後の1946年に学生野球，社会人野球，プロ野球が復活をした．

表2-2　野球の歴史

年代	出来事
1872	第一大学区第一番中学（のちの開成学校、現在の東京大学）のアメリカ人教師，ホーレス・ウィルソンがベースボールを伝える．
1903	早慶戦が始まる．
1915	全国中等学校優勝野球大会（現在の夏の甲子園大会）が始まる．
1924	全国選抜中等学校野球大会（現在の春の甲子園大会）が始まる．
1925	東京六大学リーグ戦始まる．
1927	都市対抗野球大会始まる．
1946	学生野球、社会人野球、プロ野球が復活．

プロ野球の歴史

プロ野球の歴史は，先述のように1934年にベーブ・ルースら米大リーグ選抜チーム来日して，この時対戦した全日本チームが中心となり大日本東京野球倶楽部，現在の読売ジャイアンツ（巨人）が誕生した．その2年後に，大阪タイガース（阪神タイガース），名古屋（中日ドラゴンズ），東京セネタース，阪急（オリックスバッファローズ），大東京，名古屋金鯱，東京巨人の7球団により日本で初のプロ野球リーグが設立された．

その後，1950年に12球団となり，現在のセントラルリーグ，パシフィックリーグに分かれての2リーグ制が始まり，およそ70年以上経った現在も12球団の2リーグ制で行われている．

表2-3　プロ野球の歴史

年代	出来事
1934	ベーブ・ルースら米大リーグ選抜チーム来日．
1936	東京巨人，大阪タイガース，名古屋，東京セネタース，阪急，大東京，名古屋金鯱の7球団により，日本職業野球連盟創立．
1950	セントラル，パシフィックの2リーグ制が始まる．
2005	セ・パ交流試合が始まる．
2007	セ・パ両リーグの上位3チームが日本シリーズ出場を争うクライマックスシリーズが始まる．

現在のプロ野球

現在プロ野球は，セントラルリーグ6球団，パシフィックリーグ6球団の計12球団が参加をして行われている．セントラルリーグは，読売ジャイアンツ，阪神タイガース，中日ドラゴンズ，広島東洋カープ，東京ヤクルトスワローズ，横浜DeNAベイスターズの6球団．パシフィックリーグは，埼玉西武ライオンズ，オリックスバッファローズ，福岡ソフトバンクホークス，北海道日本ハムファイターズ，千葉ロッテマリーンズ，東北楽天ゴールデンイーグルスの6球団であり，1950年に2リーグ制に移行して約70年経ったが，球団数は増やさず，12球団を維持している．

表2-4　セントラルリーグの球団系譜

年							
1934	大日本東京野球倶楽部						
1935		大阪野球倶楽部					
1936		大阪タイガース	名古屋軍				大東京軍
1937	東京巨人軍						ライオン軍
1940		阪神軍					
1941							朝日軍
1944			産業軍				
1946		大阪タイガース	中部日本軍				パシフィック
1947			中部日本ドラゴンズ				太陽ロビンス
1948			中日ドラゴンズ				大陽ロビンス
1950			名古屋ドラゴンズ	広島カープ		大洋ホエールズ	松竹ロビンス
1951						大洋松竹ロビンス	
1953					国鉄スワローズ	洋松ロビンス	
1954							
1955							
1961							
1965	読売ジャイアンツ	阪神タイガース			サンケイスワローズ		
1966					サンケイアトムズ	大洋ホエールズ	
1968			中日ドラゴンズ	広島東洋カープ			
1969					アトムズ		
1970					ヤクルトアトムズ		
1974					ヤクルトスワローズ		
1978						横浜大洋ホエールズ	
1993					東京ヤクルトスワローズ	横浜ベイスターズ	
2002						横浜ベイスターズ（TBS）	
2006							
2012						DeNA横浜ベイスターズ	

　プロ野球の特徴は，12球団中11球団において，大企業が親会社となり球団経営にあたっていることである．球団数を増やすことがないリーグ戦略の中で，プロ野球球団の経営者になることは，現状の球団を買収する以外にない．球団のオーナーになるためには，資本金1億円以上の日本法に基づく株式会社であることと外国人の持株比率が49％を超えていないことが条件となり，現在は新規参加・譲渡のいずれの場合も「預かり保証金」として25億円（10年球団を保有

表2-5　パシフィックリーグの球団系譜

年											
1936	東京セネタース	名古屋金鯱軍									
1937											後楽園イーグルス
1938											イーグルス
1940	翼軍										黒鷲軍
1941	大洋軍		阪急軍		南海軍						
1942											大和軍
1943											[解散]
1944	西鉄軍[解散]				近畿日本軍						
1946					グレートリング	セネタース		ゴールドスター			
1947			阪急ベアーズ			東急フライヤーズ		金星スターズ	大塚アスレチックス（国民野球連盟）		
									←[合併]		
1948						急映フライヤーズ	大映野球				
1949											
1950	西鉄クリッパーズ	西日本パイレーツ				東急フライヤーズ				毎日オリオンズ	
1951							大映スターズ				
1953											
1954				近鉄パールス				高橋ユニオンズ			
1955								トンボユニオンズ			
1956					南海ホークス			高橋ユニオンズ			
1957	西鉄ライオンズ		阪急ブレーブス			東映フライヤーズ	大映ユニオンズ				
1958											
1959				近鉄バファロー			毎日大映オリオンズ				
1962											
1964							東京オリオンズ				
1969											
1973	太平洋クラブライオンズ					日拓ホームフライヤーズ					
1974											
1977	クラウンライターライオンズ			近鉄バファローズ			ロッテオリオンズ				
1978											
1979						日本ハムファイターズ					
1989			オリックスブレーブス								
1991											
1992	西武ライオンズ		オリックスブルーウェーブ		福岡ダイエーホークス						
1999				大阪近鉄バファローズ							
2004							千葉ロッテマリーンズ				
2005			オリックスバファローズ		福岡ソフトバンクホークス	北海道日本ハムファイターズ					
2008	埼玉西武ライオンズ										東北楽天ゴールデンイーグルス

した場合は返還される），更に野球振興基金への寄付として4億円，手数料1億円の30億円を支払うことになっている．要するに，30億円を現金で支払えない会社はオーナーになることはできず，非常に高いハードルであると言える．ただし，球団のオーナーとなり，社会的信用と知名度を得ることで企業の成長を成功させた会社は少なくない．例えば，オリックスバッファローズのオーナー企業であるオリックス株式会社は，球団買収以前は，オリエントリース株式会社という名称でリースをメインとした会社であったが，阪急ブレーブスを買収した際に，オリックスに企業名を変更して，「オリックスブルーウェーブ」の球団名で参戦した．そして，信用と知名度を得て，今や金融，不動産，事業投資等幅広いコングロマリット企業へと成長を遂げた．また，ソフトバンクグループ株式会社が，携帯電話事業に参入した後に福岡ダイエーホークスを買収したことで，ソフトバンクの信用と知名度を上げて，日本を代表する企業へと成長していった．球団オーナーになる以前は，知名度も低く，現在の成功を予想する人は少なかったのではないだろうか．同様に，楽天株式会社も2005年のプロ野球球団新規参入を経て，日本を代表するインターネット通販を核とした会社に成長した．同時期の2004年に神戸市を本拠地とするヴィッセル神戸の経営権も獲得して，スポーツを活用した企業ブランディングに最も成功した企業と言って過言ではない．

表2-6　セントラルリーグ球団のオーナー企業と運営会社

球団名	オーナー企業	運営会社
読売ジャイアンツ	読売新聞グループ本社	株式会社読売巨人軍
東京ヤクルトスワローズ	ヤクルト本社	株式会社ヤクルト球団
横浜DeNAベイスターズ	ディー・エヌ・エー	株式会社横浜DeNAベイスターズ
中日ドラゴンズ	中日新聞社	株式会社中日ドラゴンズ
阪神タイガース	阪神電気鉄道	株式会社阪神タイガース
広島東洋カープ		株式会社広島東洋カープ

表2-7 パシフィックリーグ球団のオーナー企業と運営会社

球団名	オーナー企業	運営会社
北海道日本ハムファイターズ	日本ハム	株式会社北海道日本ハムファイターズ
東北楽天ゴールデンイーグルス	楽天	株式会社楽天野球団
埼玉西武ライオンズ	西武鉄道	株式会社西武ライオンズ
千葉ロッテマリーンズ	ロッテホールディングス	株式会社千葉ロッテマリーンズ
オリックス・バファローズ	オリックス	オリックス野球クラブ株式会社
福岡ソフトバンクホークス	ソフトバンク	福岡ソフトバンクホークス株式会社

プロ野球の集客

　プロ野球球団の集客方法については，主にセントラルリーグは，老舗球団を中心としたマスメディア型と新規参入球団を中心とした地域密着型のタイプに分かれる．

　マスメディア型で最も成功してきた球団は，読売ジャイアンツである．読売ジャイアンツは，オーナー企業の読売新聞社の拡販が主たる目的として生まれた球団である．2000年代初頭まで，ほぼ全試合を地上波でテレビ中継するほど人気を博し，他球団は主催試合の放映権料を得ることが経営的に重要なことであった．読売ジャイアンツは，テレビ地上波放送により絶大なる人気を博した．1983年の巨人戦年間平均視聴率27.1%と驚異的な数字からも理解できるように，国民の1/3近くが巨人ファンであり，巨人の人気は確固としたものであった．人気球団故に，チケットは売り切れ，入手は困難なため，読売新聞を購読することでの特別販売や，新規新聞購読のサービスとして招待券配布により，読売新聞の拡販にも大きく寄与して，ビジネスの成功を収めた．巨人軍は，フランチャイズの東京ドームだけで試合をするのではなく，積極的に地方球場へ行って試合をするのも特徴の1つである．読売新聞拡販対策の一環で地方遠征をして，年に一度の興行をキラーコンテンツとして，読売新聞の拡販をしていくとともに，全国に読売ジャイアンツのファンを増やしていった．しかしながら，社会環境が変化してメディア多様化の時代を迎え，巨人軍のマスメディア型集客に陰りが見えてきた．テレビ視聴率の低下により，地上波放送の減少は顕著となり，2018年は放送数9本で平均視聴率7.4%という結果となり，絶頂期はほ

ぼ全試合の140試合を放送，平均で20％近くの視聴率を稼いだ，日本一のスポーツコンテンツは凋落していった．しかしながら，巨人軍の人気は未だに12球団では最も高く，2018年度で年間300万人を超える観客数を誇るのは巨人だけである．

　一方，近年成功を収めているのは，福岡ソフトバンクホークスや北海道日本ハムファイターズ，広島東洋カープ，横浜DeNAベイスターズである．この4球団の特徴は，地域に根差した活動により，地域住民に愛される球団へ成長していったことである．放映権料依存ビジネスからいち早く脱却をして，ファンを獲得し，ファンを大事にする経営へのシフトによって，経営が軌道に乗った球団である．

　現在，球界の実質的な盟主は，福岡ソフトバンクホークスであることに異論はないであろう．過去5年間で4度の日本一に輝いており，親会社のソフトバンクは日本を代表するIT企業であり，球団に費やしている費用に関しても12球団のトップである．ホークスは，人気の面でも阪神，巨人に次ぐ3位となっており，1試合平均で3万6891人（2019年）を動員する球団へと成長した．ホークスの最大の特徴は，球場を自前で持つことで，よりエンタテイメント化させ

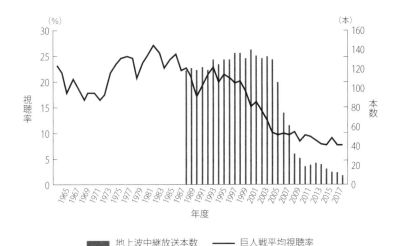

図2-1　巨人戦の地上波中継放送本数と平均視聴率

（出所）取材及びホームページより筆者作成．

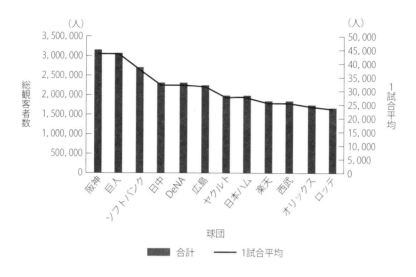

図2-2　2019年プロ野球1試合平均観客数と年間観客者数

（出所）NPBホームページより筆者作成．

て，非日常的な世界を演出するところにある．ホークスの主催試合を行う球場，ヤフオクドームは福岡市の中心街にあり，2012年に球場所有権を買収した．それにより，球団経営において，試合運営とチーム強化を一体化させる球団ビジネスモデルを構築し，収入を増やすことと，試合の演出力を高めることに成功し，よりエンタテイメントビジネスとして充実させることができた．年間72回のホームゲームのうち約50試合は『○○デー』と銘打った取り組みをして，徹底的に細部にこだわる．例えば女性ファンを対象とした『タカガール♡デー』．ユニホームデザインに投票してもらい，電光掲示板の表示もピンクに統一．食事のメニューにもピンク色を使う．その結果，今では来場者の半分以上を女性が占めるまでになった．いかにファンに楽しんでもらえるかを考えた上で野球を核とするエンタテイメント施設を目指しているのである．

　かつては，セリーグのお荷物球団と言われた広島東洋カープは，2016年からセリーグ3連覇．観客動員数においても，2018年度は12球団中4位，2019年度は6位と実力と人気を備えた球団へと成長した．その原動力となったのは，広島市民球場の老朽化によるスタジアム建設により，マツダスタジアムを手に

入れたことである．新球場は，新広島市民球場として，行政が建設したのだが，
指定管理者制度を活用して，カープがスタジアムの運営をする権利を得ている．
それにより，無味乾燥的な球場ではなく，ボールパークへと生まれ変わり，野
球を観戦するだけではなく，スタジアムをアミューズメント施設として楽しめ
ることで，今まで球場に足を運ばなかった家族や女性がファンとなり，「カー
プ女子現象」を巻き起こした．カープ戦略の1つめは，多種多様な席種である．
通常の座席以外に，「寝ソベリア（寝転んで観れる席）」「ファミリー席」「無料席」

表2-8　プロ野球歴代優勝チーム

年	日本一	セリーグ優勝チーム	パリーグ優勝チーム
2019	ソフトバンク	巨人	西武
2018	ソフトバンク	広島	西武
2017	ソフトバンク	広島	ソフトバンク
2016	日本ハム	広島	日本ハム
2015	ソフトバンク	ヤクルト	ソフトバンク
2014	ソフトバンク	巨人	ソフトバンク
2013	楽天	巨人	楽天
2012	巨人	巨人	日本ハム
2011	ソフトバンク	中日	ソフトバンク
2010	ロッテ	中日	ソフトバンク
2009	巨人	巨人	日本ハム
2008	西武	巨人	西武
2007	中日	巨人	日本ハム
2006	日本ハム	中日	日本ハム
2005	ロッテ	阪神	ロッテ
2004	西武	中日	西武
2003	ダイエー	阪神	ダイエー
2002	巨人	巨人	西武
2001	ヤクルト	ヤクルト	近鉄
2000	巨人	巨人	ダイエー

「砂かぶり席」「パーティーフロア」「びっくりテラス（BBQが出来る）」等を設置して，幅広い年齢層に対応できるようにした．また，カープ名物として，年間1000種類以上を出品するグッズ販売がある．指定管理者となったことで，球場で売り上げた商品は全額球団の収入となり，現在グッズ販売の売り上げは50億円以上となり，12球団で最高のグッズ売り上げを誇る球団となった．スタジアムの建設を契機に，指定管理者となることでスタジアムに多種多様な席種を設置してアミューズメント施設化し，グッズ販売強化で収益を上げた好事例である．かつては，巨人戦の放映権料収入に頼っていたが，脱却したことで入場料収入が増え，全球団トップのグッズ販売収入で収益構造は様変わりし，スタジアム建設前の3倍以上となり，チームの強化にも成功して，セリーグ3連覇をするまでの球団へと成長したのである．

DeNA横浜ベイスターズの集客

DeNA横浜ベイスターズ（以下ベイスターズ）は，来場者データを分析した定量分析とインタビュー等による定性分析により，観客のターゲット層を明確化させた．20〜30代の働く男性「アクティブサラリーマン」，余暇の過ごし方としてアウトドアやイベントに出掛けることを好む人たち，このアクティブサラリーマンを中心として，その周辺にいる人たち（家族など）も含めたアプローチを強化することをマーケティング戦略の中心とした．アクティブサラリーマンが家族や友人，同僚など，どんな人と一緒に来ても楽しめることを意識して企画を実施．その結果，DeNAが球団を買収する前年2011年は，1試合平均が1万5305人で年間合計が110万2192人だった観客数が，2019年は1試合平均が3万1716人，合計が228万3524人と共に2倍以上伸長した．かつては，いつ行っても観戦できたが，今やチケットは前売りで売り切れる試合がほとんどである．入場料収入が増えたことで，スタジアムの改修で席数を増やしたり，座席の種類を増やしたりファンのために投資をして，更にファンを増やしていくことを狙っている．また，DeNAが買収する以前は，テレビ局が親会社であったためにしていなかった地域に根差した活動も行っている．来場者の7〜8割が横浜市民と神奈川県民というデータからイベントやショップなどを通じて接点を増やしてファンを増やすことを考えている．今やベイスターズは，この4年間でクライマックスシリーズに3度出場，うち1度は日本シリーズに出場をするまでとなり，かつてのBクラス（4位以下）が定位置の球団から大きく成長した．

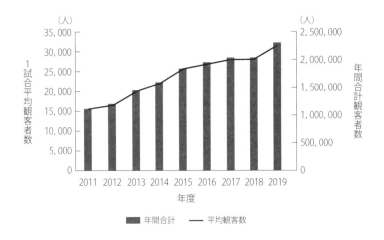

図2-3　DeNA横浜ベイスターズの平均観客数と年間観客数

（出所）NPBホームページより筆者作成.

3. サッカー

サッカーの歴史

　日本にサッカーが伝わったのは, 1873年と言われており, 現在の全国高校サッカー選手権の前身の大会が1918年に開催された. 1921年に現在の日本サッカー協会が創立され, その年に天皇杯が始まった. 日本サッカー界において長きにわたって語り継がれてきた実績として, 1968年メキシコシティオリンピックの銅メダルが挙げられる. しかしながら, その後も, サッカーの人気は低くサッカーへの熱は上がらなかったが, 徐々に競技人口は増えていった. その契機となった大会は, 1977年にスタートした全日本少年サッカー大会である.

　今や, ワールドカップでの熱狂が当たり前となっているが, かつて日本はサッカー不毛の地と言われており, 人気もなく, 競技人口も頭打ちしており, 当然お金もなく, サッカーよりも人気のあるスポーツは野球以外にも数多くあった. 当時は, 一部のチームを除いて企業スポーツのアマチュアリーグとして行われており, 観客もまばらで, 日本代表の試合ですら集客に苦労した.

表2-9　サッカーの歴史

年代	出来事
1873	イングランドサッカー協会（The FA）創設から10年後，英国海軍教官団のA.L.ダグラス少佐と海軍将兵が来日．東京築地の海軍兵学寮（のちの海軍兵学校）で日本人の海軍軍人に訓練の余暇としてサッカーを教えた（これが，日本でサッカーが紹介された最初というのが定説になっている）．
1918	全国高校サッカー選手権大会の前身となる日本フートボール大会（大阪・豊中）や東海蹴球大会（愛知・名古屋），関東蹴球大会（東京）など多くの大会が開催される．
1921	大日本蹴球協会（現，日本サッカー協会/JFA）創立．初代会長に今村次吉就任
	現，天皇杯全日本サッカー選手権大会の第1回大会となるア式蹴球全国優勝競技会が開催され，4チームが出場．初代工者は東京蹴球団で，ユリオット英国大使から山田午郎主将にFAシルバーカップが授与される．
1929	国際サッカー連盟（FIFA）に加盟（第二次世界大戦の際に除名）．
1936	日本代表がベルリンオリンピックに出場．チームはベスト8進出．
1954	アジアサッカー連盟（AFC）に加盟．
1964	東京オリンピックに出場．ベスト8入り．
1965	日本初の全国リーグ・日本サッカーリーグ（JSL）が8チーム編成でスタート（〜1992年）．
1968	メキシコオリンピックに出場し，銅メダルを獲得
1977	全日本少年サッカー大会がスタート（地域協会より推薦された32チームが出場）．
1990	「プロリーグ検討委員会」を設置．
1993	Jリーグ開幕
1998	FIFAワールドカップフランス大会初出場
2002	FIFAワールドカップ日韓大会開催

　日本プロサッカーリーグ（以下，Jリーグ）は1993年に開幕し，四半世紀が経過している．プロリーグ化される以前の日本サッカー界は，ワールドカップ（世界選手権）など主要な世界大会に出場することはできず，国内においては「マイナースポーツ」として位置づけられていたと言っても過言ではない．しかしながら，現在は，Jリーグ百年構想の下，クラブ数は増加の一途を辿り，39都道府県の中に，56クラブが誕生しており，今後も増え続けていくことが予想される．Jリーグ加盟を目指しているクラブは全国に多数存在する一方，トップリーグ加盟への道のりは遠く，志半ばで解散したクラブも存在する．これには，様々な要因が考えられるが，クラブの経営が一般企業の経営と大きく違う点に一因があろう．一般企業は，売上高を伸ばし，利益を創出して株主や社員に還

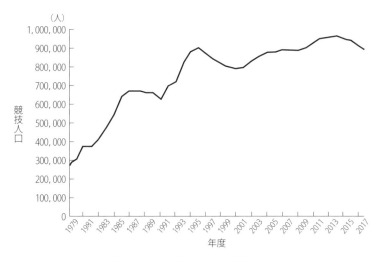

（人）

競技人口

年度

図2-4　日本サッカーの競技人口

（出所）JFAホームページより筆者作成.

元することを主な目的とするが，クラブの場合は，売り上げを伸ばし利益を上げても，「勝利」を得ることがなければ顧客が離れてしまう．すなわち，プロスポーツの場合，チームパフォーマンスがコントロールできないため，不確定要素が強く，資産価値が不安定にならざるを得ない状況が絶えず続く．また，その資産価値の測定も観戦者（消費者）の知覚という観点にもとづいている点から，プロスポーツクラブ経営のビジネスモデルは非常に特殊だと言えよう.

　1999年に二部リーグにあたるＪ２リーグが創設され，2014年には三部リーグにあたるＪ３リーグが創設された．現在,四部リーグに相当する日本フットボールリーグ（以下JFL）は，プロ化を目指さない企業チームやＪリーグ入りを目指しているクラブ等が加盟をして全国リーグとして存在している．Ｊリーグは1993年の発足以来，サッカーを通してあらゆるスポーツを老若男女が楽しめる豊かな国をめざしたいという思いから,「Ｊリーグ百年構想　～スポーツでもっと幸せな国へ．～」というスローガンを掲げてスポーツ振興に取り組んできている．開幕当初は10クラブからスタートしたのが，現在はＪ１が18クラブ，Ｊ２が22クラブ，Ｊ３が16クラブの56クラブと24年間で５倍以上拡大をしている．Ｊリーグの理念を共有した仲間（Ｊクラブ）を増やしていくリーグ戦略を進め

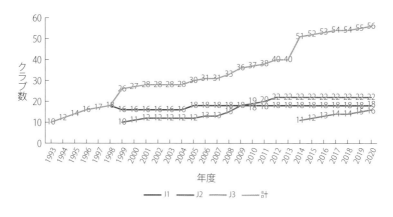

図2-5　Jリーグクラブ数の推移

（出所）Jリーグホームページより筆者作成.

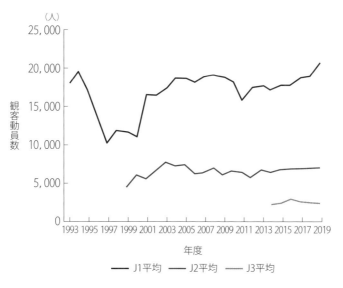

図2-6　Jリーグ平均観客者数

（出所）Jリーグホームページより筆者作成.

表2-10　日本代表ワールドカップの成績

年代	大会	成績	
1954	スイスワールドカップ	不出場	予選敗退
1958	スウェーデンワールドカップ	不出場	予選不参加
1962	チリワールドカップ	不出場	予選敗退
1966	イングランドワールドカップ	不出場	予選不参加
1970	メキシコワールドカップ	不出場	予選敗退
1974	西ドイツワールドカップ	不出場	予選敗退
1978	アルゼンチンワールドカップ	不出場	予選敗退
1982	スペインワールドカップ	不出場	予選敗退
1986	メキシコワールドカップ	不出場	最終予選敗退
1990	イタリアワールドカップ	不出場	予選敗退
1994	アメリカワールドカップ	不出場	最終予選敗退
1998	フランスワールドカップ	出場	予選リーグ敗退
2002	日韓ワールドカップ	出場	ベスト16
2006	ドイツワールドカップ	出場	予選リーグ敗退
2010	南アフリカワールドカップ	出場	ベスト16
2014	ブラジルワールドカップ	出場	予選リーグ敗退
2018	ロシアワールドカップ	出場	ベスト16

図2-7　日本サッカーのリーグ構図

（出所）筆者作成.

ている.

　現在，Jリーグ加盟予備軍として，JFL 以下で活動をしているクラブが「J
リーグ百年構想クラブ」と認定を受け，将来のJリーグ入りを目指している.

Jリーグクラブの集客

地域活動

　Jリーグクラブの特徴として，地域密着が挙げられる. プロ野球は，ファン
という個人へアプローチする手法を取るが，Jリーグクラブは所在する地域に
愛されるクラブを目指し，地域に根差した存在となり，地域住民に応援しても
らえるクラブとなることを目指している. そのために，Jリーグクラブは地域
活動を義務付けられている.

　ホームタウンで愛されるクラブを目指すJクラブは，設立当初より積極的に
地域貢献活動を行ってきた. 2017年度のホームタウン活動調査結果によると，
Jクラブの年間地域貢献活動回数は全54クラブ合計1万7832回，1クラブあた
り年間330回，ほぼ毎日地域貢献活動を行っている計算になる.

　地域貢献活動の内容だが，大きく分けて3つの取り組みがある. 最も多いの
は健康増進を目的としたスポーツ振興に関する活動だ. 小学校や幼稚園等に出
向いてサッカー教室などを行うことが多く，地域貢献活動全体の68.9%を占め
た. 2つめに多い地域振興活動とは，例えばホームタウンの商店街に選手を派
遣してトークショーやサイン会を実施するなど，地元を様々な形で盛り上げる
活動だといえる (21.1%). 3つめは社会課題を解決するための活動である. こ
れも具体的な例をあげると，法務省が主唱する「社会を明るくする運動」の啓
蒙活動をJクラブが地域の人々と一緒になって行っている. 犯罪や非行を防止
し，罪を犯した人たちの更生について理解を深め，それぞれの立場において力
を合わせ，犯罪のない地域社会を築こうとする運動を，プロスポーツの持つメッ
セージ力などを活用することで貢献しようというものだ.

　2000年代に入り，再開発により急激に発展した川崎市の武蔵小杉駅前. その
武蔵小杉駅からほど近い所に，川崎フロンターレのホームスタジアム等々力競
技場がある. 2017年，2018年とJ1を連覇して今や強豪クラブの仲間入りをし
たが，その道のりは険しく，クラブの地道な努力によるところが大きい. Jリー
グに参入したのは1999年と，J1優勝経験クラブ中で最も遅い. 決して歴史の

ある名門クラブではない．2003年の平均観客数は7258人．しかし2019年の平均観客数は2万3272人と過去最高を記録し，現在の等々力競技場の収容人数2万6827人から約3万5000人規模への増築することが決まった．

　川崎フロンターレが強豪クラブとなったのは，親会社が投資をして実績のある選手や外国人選手を獲得したからではなく，地道な経営努力を通して，少しずつ収入を積み上げてチーム力を向上させた結果であった．特に，川崎フロンターレの地域貢献活動はバラエティーに富んでおり，高い評価を受けている（Ｊリーグが毎年実施する「Ｊリーグスタジアム観戦者調査」において，川崎フロンターレは「Ｊクラブがホームタウンで大きな貢献をしているか」が5段階評価で4.9であった）．全国的にも有名な「川崎フロンターレ算数ドリル」は川崎市内の公立小学校全校の小学6年生と特別支援学校に配布され，教科書の副教材として使用されている．現在は川崎市内の全校に広がっているが，当初は一校のみの企画としてはじまった．また，川崎浴場組合連合会とタイアップした「いっしょにおフロンたーれ」は，川崎市内の公衆浴場（銭湯）に行くことを促進する企画で，企画製作した風呂桶を優勝時に頭上に掲げて大きな話題にもなった．ドリルにしても，銭湯の取り組みにしても，ポイントは川崎フロンターレと地域住民の接点を増やすことで両者の距離を縮めていくことができた点である．それがサッカーやスポーツが好きな人だけでなく，誰もが日常的に触れるもの（例えば算数ドリル）を用いることで広がりが加速し，サポーターを超えた地域全体に川崎フロンターレを浸透させるきっかけとなった．

　川崎市は，かつて大気汚染の町として多くの人に知られており，東京都と横浜に挟まれ，住みたくない町の代表格として扱われていた．2000年代に入り，武蔵小杉駅前の大企業が撤退したことでタワーマンションの建設がはじまり，ときを同じくして，川崎フロンターレの地域に密着した活動がスタートした．そして，リーグ初優勝をした2017年には「住みたい街ランキング」で上位となった．これは，川崎フロンターレという地域を代表するサッカークラブが地域に貢献し，地域で重要な役割を果たしていると認められていることと無関係な話ではないだろう．

Ｊリーグの地域貢献の今後
　Ｊリーグは，地域活動の考え方をさらに変化（進化）させようとしている．プロスポーツが地域から支えられる存在から，プロスポーツが地域を支える存

在になることを目指して「Jリーグをつかおう！」とのキャッチフレーズを掲げた挑戦をはじめた.

これまでの「Jリーグが地域貢献活動をする」という発想では，現状のやり方では人口の1％程度にしかスポーツ文化を提供できていないとの反省から「地域の人がJリーグをつかう」に主語を変えて，新たな社会連携の仕組みを構築しようとしている．これまでの地域貢献活動＝普及活動＝ファン獲得の構図ではなく，Jリーグ（クラブ）コンテンツを地域の人に活用してもらうことで，地域の未来を創造していくことが最大の狙いだ.

Jリーグが単にサッカーを興行する組織ではなく，地域の人々の生活に役立ち，地域とともに未来を共創するために役立つ組織として発展していくことへの挑戦は，スポーツが文化となり，社会に欠かせないものとなる第一歩だと考える.

Jリーグクラブの戦略

ツエーゲン金沢の取り組み

ツエーゲン金沢は，2015年にJ2に昇格した新興クラブである．2019年のホームゲームにおける平均入場者数は5209人と過去最高を記録した．その理由は，JリーグIDから取得した顧客情報の活用と，2017年ごろから推し進めてきた

写真2-1　ツエーゲン金沢「クレヨンしんちゃん」コラボレーション企画

©zweigen kanazawa

写真2-2　ツエーゲン金沢「うんこドリル」コラボレーション企画

©zweigen kanazawa

写真2-3　ツエーゲン金沢「パラパラナイト」コラボレーション企画

©zweigen kanazawa

スタジアムでのエンタテイメント強化だ．「クレヨンしんちゃん」や「うんこ
ドリル」とのコラボレーション企画や，「パラパラナイト」など，話題性のあ
るイベントを実施して，新規層と既存のファン・サポーター，双方の満足度を
高める取り組みを行っている．

Jリーグ観戦のきっかけの1つに，「友人・家族に誘われる」があるが，既存のファン・サポーターが「誘いたくなる」要素を増やしていく活動を心掛けている．魅力あるイベントの実施は，スタジアムでの滞在時間も長くし，グッズや飲食の売り上げ増加にもつながっている．

　クラブは，顧客情報を基に，来場者の観戦頻度に合わせたアプローチも行っている．今後，来場者のニーズを把握する率を上げていき，顧客に応じた販促をより強化する．デジタルマーケティングを発展させ，顧客の属性や動向に応じた販促を強化することで，Jリーグで面白い企画といえば，今は川崎フロンターレだが，その座を狙う勢いだ．

　また，2019年9月に開催されたホームゲームにおいて，「スタジアムを赤に染めろ！1万人チャレンジデー」と称して先着1万人にチームカラーの赤で彩ったTシャツをプレゼントをするという企画を実施した．ツエーゲン金沢公式LINEアカウントから配信されたTシャツプレゼントクーポンを持参することをTシャツプレゼントの条件としている．それにより，今まで試合観戦に来たことのない人に今後もアプローチすることができ，金沢の試合の情報を流すことで，再度来場してもらうことが最大の目的である．当日は，クラブ史上最多の1万3070人の来場者となり，スタジアムは真っ赤に染まった．通常は，翌週はアウェイゲームになることが多いのだが，2週続けてのホームゲームで

写真2-4　ツエーゲン金沢「1万人チャレンジデー」コレオグラフィ

©zweigen kanazawa

あったため，翌週はTシャツ着用で，バック自由席の当日券を半額にするという連動した企画を実施した．あいにく，その日は台風の接近に伴い天候が悪く，観客数は少なかったが，Tシャツを着用したお客様がスタジアムで多く見ることができた．

古都金沢という伝統と歴史があり，保守的な地域性がある中で，デジタルマーケティングを軸とした戦略で，エンタテイメントのツエーゲン金沢へと変貌を遂げている．

V・ファーレン長崎の取り組み

V・ファーレン長崎は，2017年シーズンが開幕をしてまもなく，経営破綻寸前に追い込まれ，通信販売大手のジャパネットHDが完全子会社化をして，経営再建をした．社長に就任したのは，創業者の高田明氏．全国レベルの圧倒的知名度でメディアを通じてV・ファーレン長崎の認知度を上げて，平均観客者数は2016年の4625人から2017年は5941人となり128％上昇した．この年「長崎の奇跡」を起こして，J2で2位となり，翌年はクラブ史上初のJ1参戦．2018年は1万1225人で前年比189％上昇．2019年はJ2降格となったが，2017年のJ2時と比較すると130％上昇の7737人となり，ジャパネットHD完全子会社する

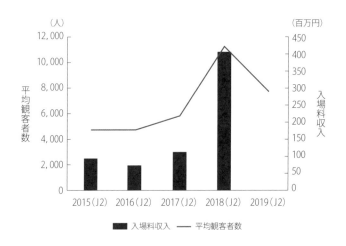

図2-8　V・ファーレン長崎の入場料収入

（出所）クラブ情報開示資料より筆者作成．

38

前には5000人に満たなかったファン・サポーターの数を増やし続けている.

　V・ファーレン長崎は,試合ごとのプロモーションというより,クラブの知名度を上げてクラブのブランド価値を上げることで,地域に必要とされる存在となることに力を注いでいる.その1つとして,2023年に長崎市の三菱重工業長崎造船所幸町工場跡地にホテルとマンションを併設した新スタジアムを建設することを発表した.行政に頼ることなく,ジャパネットHDで500億円の資金を負担する.また,クラブハウス移転を計画中である.トップチームとアカデミーチームが同じ場所で練習をして,寮を完備して交通網が悪い欠点を補い,将来的には日本代表選手を輩出したいと考えている.

　クラブグランドスローガンである「正々道々」は,正々堂々と,1つの信じる道をまっしぐらに進んでいこう.愛と平和と一生懸命な思いがある.クラブのブランド力を上げることで,県民にとって必要な存在となることで,クラブの価値を上げて応援してもらうことを目標としている.

川崎フロンターレの取り組み

　川崎フロンターレは,地域活動と同時にホームゲームの集客に非常に力を入れている.1つ例を取ると,「イッツァスモウワールド」と称して川崎市内の相撲部屋とコラボレーションしたプロモーション企画を年に一度の割合で実施している.内容は,川崎市出身の幕内力士よる始球式,行司による相撲場所風選手紹介,呼び出しによる相撲場所風選手入場,まるで大相撲観戦!「マス席」シート販売,勝利のドスコイ!ウイニング張りタッチ(ウイニングハイタッチ),力士に挑戦!キッズ相撲対決,力士の髪結い実演,相撲太鼓の打ち分け実演,力士の壁を抜け!どすこいPK対決,憧れの選手と「形」を並べろ!「足形&手形の体験コーナー」,ついに初登場!「かわさき特製"味噌"ちゃんこ」販売,力士がつく「力餅」販売,両国国技館の新名物が初登場!「和風おつまみ折り詰め」販売,両国国技館名物!「やきとり」販売,甘味はこれで決まり!「あんみつ」販売,まるで両国国技館!全選手相撲文字のぼり掲出,日本相撲協会マスコット「ひよの山」来場等,通常のホームゲームとは違った空間を作ることで来場者を飽きさせない企画を展開するのが川崎フロンターレの特徴である.かつては,レーシングカーをスタジアムの陸上トラックに走らせたり,動物園を場外に設置して家族連れを喜ばせたり,面白おかしいホームゲームの演出で観客数を伸ばしてきた.

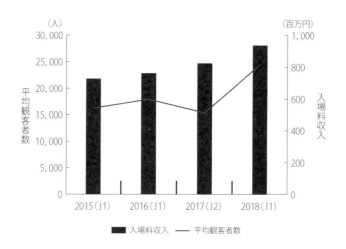

図2-9　名古屋グランパスエイトの入場料収入と平均観客者数

（出所）クラブ情報開示資料より筆者作成.

名古屋グランパスエイトの取り組み

　名古屋グランパスエイトは，ホームゲームにおいて価格変動制「ダイナミックプライシング」によるチケット販売を行っている．「ダイナミックプライシング」とは，試合日程，席種，市況，天候，個人の嗜好などに関するビッグデータ分析を基に試合ごとの需要予測を行い，需要に応じたチケット価格の変更を自動的に行うことで，ファンの皆様のニーズに応じた"適正価格"で販売を行う仕組みである．ダイナミックプライシングを身近な例で言うと，ホテルの宿泊料金が，繁忙期は高額になり閑散期には安価になる仕組みである．マーケティング戦略により，売上を伸ばすためにビッグデータ分析を行い，AIを活用して価格設定をしている企業が増えている．名古屋グランパスエイトは，チケッティングの担当者が，顧客データにメールマガジンを配信しているのだが，お客様の嗜好により8種類に分けて配信している．観戦回数の頻度，観戦場所，誰と観戦に来るか等を細かく分析をして，お客様に合った内容のメールマガジンを配信することで来場促進に繋がるようにホームゲームの前に配信する．その結果，名古屋グランパスエイトはチケッティング戦略により，来場者数，入場料収入共に上昇している．

Jリーグのチケット戦略

　Jリーグは，プラットフォーム，システムを開発し，それをクラブに使ってもらうこと，また集合研修などを通じ，施策の計画や検証，事例の共有などをしている．そのシステムは蓄積されてきたデータをもとに，例えば来場回数別や新規のお客さまなどそれぞれのセグメントに合わせた施策を行うなど絞り込んだマーケティングをしている．デジタル化が進むことにより，チケットの購入履歴，来場履歴，オンラインストアの購入履歴，Jリーグアプリのチェックインやキャンペーンの参加，スタジアムWi-Fiの接続など個人情報と行動履歴などがデータベースに入ってくるため，そのデータを掛け合わせて見ることで，施策を絞り込むことができる．

　Jリーグチケットという Jリーグが主催する J1から J3までの全試合のチケットを直接ご購入可能な公式チケット販売サイトで，これにより顧客データベースを蓄積してデジタルマーケティング戦略に生かしている．

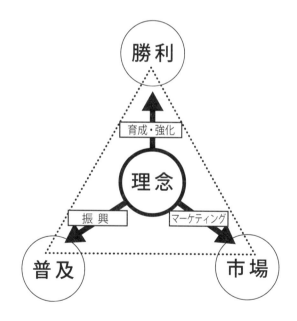

図2-10　トリプルミッション

（出所）http://www.waseda.jp/student/shinsho/html/69/6919.html

ファンデベロップメント

　プロスポーツクラブにはファンデベロップメントという考え方がある．ファンデベロップメントという英語は存在せず造語である．「fan+development」，ファンを開発する仕事ということでファンデベロップメントと呼ぶ．

　プロスポーツは，ファンなくしては成り立たない．プロスポーツにおいて，放映権収入が最も大きな収入源であり，それを得るために多くのリーグや球団・クラブ・チームが努力を重ねているが，メディアで放送するためには，スタジアムに行けない観客がいて，それをテレビで観戦して応援するということが大前提であり，いつでも行ける試合の放映権料が高く売れることはない．サッカーイングランドのプレミアリーグもアメリカ合衆国とカナダのメジャーリーグベースボール（MLB）もチケットを入手することが困難な試合が少なくない．スタジアムを埋め尽くす観衆，テレビの前で応援するファン・サポーターの数が多いほど，スポンサーシップの価値が上がり，当然高価で販売することができ，スポンサー収入が増える．収入が増えれば，能力の高い選手や監督を獲得することができ，勝利する確率が高くなる．要するに，プロスポーツにおいて，トリプルミッション理論でいう，「普及」にあたるファン・サポーターをいかに獲得するかが非常に重要であり，そこが全ての原点となっていると言って過言ではない．

参考文献

田島良輝・神野賢治編［2019］『スポーツの「あたりまえ」を疑え！』晃洋書房．

平田竹男［2012］『スポーツビジネス最強の教科書』東洋経済新報社．

ウェブ資料

稼ぐ戦略by IT MEDIAビジネス「初の200万人動員横浜DeNAベイスターズを地域に根付かせた仕掛け」(https://www.itmedia.co.jp/business/articles/1902/20/news012_2.html，2019年8月11日閲覧)．

日本サッカー協会HP「沿革・歴史」(https://www.jfa.jp/about_jfa/history/，2019年8月12日閲覧)．

日本プロサッカーリーグHP (https://www.jleague.jp/，2019年8月12日閲覧)．

野球殿堂博物館「日本野球の歴史」(http://www.baseballmuseum.or.jp/showcase/storage/history.html，2019年8月11日閲覧)．

fottballistaHP (https://www.footballista.jp/special/50581，2019年8月12日閲覧)．

3 ツーリズム型スポーツイベントを活かしたまちづくり

——南紀白浜トライアスロン大会を題材にして——

▶ はじめに

　令和2年度の国の予算編成作業が大詰めをむかえている．令和元年の一般会計歳出総額は101兆4571億円，一方，税収は全体の約61%にしかならない62兆4950億円と予想されている［財務省 2019：1-2］．単純に考えて不足分の約1/3は公債，つまり借金で埋めあわせなければならない．では，この国の借金は累計でどれくらいあるのだろうか．調べてみると，令和元年度末の普通国債残高は897兆円と試算されていた［財務省 2019a：4］．国民1人あたりに換算すると，私たちは約700万円の借金を抱えて暮らしているということになる．国の借金に関する議論は専門家によって様々な見解があるが，主要先進国と比較した借金の水準（借金総額÷GDP）が最下位である点を1つとっても［財務省 2019b：11］，決して余裕がある状況といえないことは確かだ．

　私は大学で「地域スポーツ論」という授業を担当しているが，第1回目の授業ガイダンスでは，日本の財政状況の話につづいて次の質問をする．「2050年の日本の人口は何人ですか？」と．学生のカン，いや答えはなかなか鋭く，おおよそ正解をついてくる．2050年の日本の人口は9515万人と推定されている［国土交通省 2011：4］．現在（2019年）より，約3000万人も減少するという試算だ．人口が減るということは，労働投入，資本投入，生産性の3つの経路から経済成長にマイナスの影響を与える．経済が成長しなければ税収は増えず，国の借金返済も計画どおりにいかなくなる．この現状を考えるとき，私は，以下のような危機感をもつのであった．「国全体でお金が足りない，そんな状況におい

てスポーツにお金を使ってくれるのだろうか」と．

　本章は，スポーツとまちづくりがテーマである．まちづくりという言葉は，定義が難しい多義的なものではあるが，松橋［2019：14］は「① 行政単独や特定の企業単独の取り組みではなく，さまざまな人たち（多くの市民，地域団体，行政や企業が含まれる）が担っているということ，②「まち」を暮らしやすくにぎわいのあるようにするための取り組みであること，③ にぎわいや暮らしやすさをもたらす取り組みがほかのまちづくりの次の活動に波及していく」こととまちづくり論にみられる共通の定義を抽出し，議論を整理している．ここでは ②「まち」を暮らしやすくにぎわいのあるようにするための取り組みという点に着目し，"暮らしやすくにぎわいのあるように"を，その地域の経済や社会が何かしら"プラス"の方向に向かうこと，と解釈して話を進めていきたい．具体的には「南紀白浜トライアスロン大会」を題材にスポーツとまちづくりを考えていく．

　このようなスポーツイベントによる経済的・社会的な効果（表3-1）への関心は高く，これまでにも多くの知見が蓄積されてきた．山口［山口・押見・福原 2018：14］は，スポーツイベントの経済効果研究について「イベント開催に伴う経済効果」「インフラの整備促進」「雇用の増加」「投資の増加」「物価上昇」といった研究群があることを指摘しており，木田［2013：67］は，スポーツイベントの開催による社会的効果を ① 地域情報の発信，② 地域のスポーツ振興，③ 国際交流の推進，④ 青少年の育成，⑤ ボランティア・NPOの育成，⑥ 地域アイデンティティの醸成，⑦ 地域活動の促進，⑧ 地域間・地域内交流の

表3-1　スポーツによる経済的・社会的効果

経済的効果	雇用促進 スポーツ関連企業の育成 インフラの整備 直接的経済効果
社会的効果	コミュニティ形成 知名度＆イメージの向上 他地域との交流促進 青少年育成

（出所）筆者作成．

促進の8つに大別した．南紀白浜トライアスロン大会は，ほとんどの参加者が移動と宿泊をともなうツーリズム型のスポーツイベントである．このスポーツ・ツーリズムは，合宿・大会の招致，地域資源（自然など）を活かした体験型の旅行，国際的なスポーツイベントの観戦など，様々な産業の複合的な旅行形態となる特性から，当該地域に与える経済的・社会的インパクトの大きさに期待が寄せられている．

1. ツーリズム型スポーツイベントのサービスプロダクト分析
──南紀白浜トライアスロン大会を事例として──

大会開催の背景と歴史

白浜町

大会が行われる白浜町は，和歌山県南西部に位置する観光の町である．大阪（新大阪駅）からJR特急「くろしお」で約2時間15分，車でも約2時間30分もあれば到着する．東京からだと羽田空港から南紀白浜空港へは約75分，南紀白浜空港から白浜温泉までは車で約5分なので，意外？と関東からのアクセスも良い場所にある．

きれいな海とハワイ・ワイキキビーチの友好姉妹浜でもある白良浜は，関西有数の海水浴場として名高く，また，年間をとおして温暖な気候であることや，奈良時代からつづく温泉地でもあることから，企業や各種団体の別荘や保養施設も多く集まっている．

2019年10月末日現在の人口が2万1318人の白浜町であるが，この町も少子高齢化による過疎の問題に直面している．ピーク時の1975年には2万6617の人が住んでいたが，以降は減少がつづき，2010年の時点で人口2万2696人，老年人口率も30％を超えた．では，観光地として気になる交流人口はどうだろうか．白浜町への日帰り客と宿泊客を合わせた観光客の合計は，1989年以降のデータによると，1992年の374万4168人をピークに減少傾向に入り，2018年は334万2348人であった．ピーク時と比較して40万1820人も少なくなっている（ただし，もっとも観光客が少なかった2011年の290万6813人からは，約40万人増加し，にぎわいを取り戻しつつもある）．

写真3-1　スタート地点

（出所）筆者ゼミ撮影.

写真3-2　フィニッシュ地点

（出所）筆者ゼミ撮影.

　もちろん，白浜町も観光客を中心とした交流人口の増加のために様々な取り組みを実践しており，その1つがツーリズム型スポーツイベントとしての南紀白浜トライアスロン大会の開催（**写真3-1**，**写真3-2**）であった.

南紀白浜トライアスロン大会

　南紀白浜トライアスロン大会は，2014年に第1回大会がスタートし，今年（2019年）で6回目の開催となった. 第2回大会の6月開催を除いて，毎年5月20日前後の日曜日（前日の土曜日には参加者全員の出席が義務づけられた競技説明会がある）に大会がある. 競技はスイム1.5km，バイク40km，ラン10kmの合計51.5kmのオリンピックディスタンスで行われる. コースは年によって若干の変更はあるものの，白良浜をスイムでスタートし，円月島など風光明媚な景色を楽しめるランコースを走り抜け，フィニッシュ地点の白浜会館を目指す. 大会を重ねるにつれてエイドステイションでの対応・声がけや，フィニッシュ地点でのブラスバンド，チアリーディングによる応援，競技終了後のアワードパーティーの内容が充実し，大会をあたたかく，華やいだものにしている.

　私たちは，2017年の第4回大会から3年連続で大会参加者へ競技実施前後にアンケート調査を実施しているが，例えば2018年の第5回大会では大会参加者の90.8％（「非常に満足」38.7％，「満足」38.7％，「やや満足」13.4％の合計）が，大会参加への高い満足度を表明していた. また87.6％（「大変そう思う」44.8％，「思う」32％，「少し思う」10.8％）の人が，次回大会への高い再参加意思を示していた. アンケー

トの自由記述欄にも毎年多くのコメントが寄せられ「海がきれいでテンション
があがりました（44歳，女性）」「ロケーション最高（43歳，男性）」「学童ボランティ
アは盛り上がります（57歳，男性）」といったポジティブな内容が大部分を占め
ている．最新の第 6 回大会の参加定員は700名と設定されていたが，大会申込
者数は第 3 回（2016年）862名，第 4 回（2017年）945名，第 5 回（2018年）971名
と定員を上回っており，本大会はトライアスリート競技者にとって魅力ある大
会として認知されているといってよいだろう．

　そこで，以下では「第 5 回　南紀白浜トライアスロン大会」（事前＆事後）アン
ケート調査のデータをもちいて，本大会の実態把握とサービスの質について分
析を行った．

大会参加者の実態把握

調査実施の概要

　「第 5 回　南紀白浜トライアスロン大会」のアンケート調査は，競技前日の
2018年 5 月19（土）と競技開催当日の 5 月20日（日）に大会参加者全員を対
象に実施した．以下に事前・事後それぞれの調査実施方法や主な質問内容を記
しておく．

ｉ）事前アンケート調査

　2018年 5 月19日（土）競技説明会開催（16時〜16時40分）の前後に調査票を配布し，
その場で回収をした．対象者は大会参加者615名であり，実際の配布数は588部，
そのうち有効回答数が491部であった．

　競技前のアンケート調査の質問内容は以下のとおりである．

　　1 ）参加者の基本的属性　　性別，年齢，職業，自由裁量所得，居住地etc
　　2 ）観光行動の概要　　観光の有無，訪問回数，消費行動
　　3 ）大会参加理由　　アクセス，プログラム，情報etc
　　4 ）トライアスロン経験　　経験年数，参加回数，同行者，関連消費

ⅱ）事後アンケート調査

　2018年 5 月20日（日）競技終了後のフィニッシュ地点で，調査票を配布し，
その場で回収をした．対象者は事前アンケートと同じではあるが，フィニッシュ

後の混雑した状況も影響し，実際に配布・回収できた枚数は大きく減り，配付数249部，有効回答数194部となった．

　競技後のアンケート調査の質問内容は以下のとおりであるが，事後アンケートの1番のねらいは，南紀白浜トライアスロン大会というサービスプロダクトを参加者がどのように評価しているのか，どのようなサービスが参加者のまた参加したいという思いを刺激するのか，を明らかにしたいという点にあった．

　　1）参加者の基本的属性　　性別，年齢，職業，自由裁量所得，居住地etc
　　2）サービスプロダクトの評価測定　　アクセス，プログラム，情報etc
　　3）大会満足度，再参加意思，ロイヤルティ

分析　単純集計結果より参加者の特徴を把握する

i）属性

　事前アンケートの調査結果より，「第5回 南紀白浜トライアスロン大会」参加者の全体像を把握することにしよう．まずは単純集計の結果をみていくと，性別は「男性」が83.3%，「女性」が16.7%と，男性が多数を占めていた．年代別の特徴は「40歳代」が38.2%，「50歳代」が27.2%，平均年齢は44.9歳と中年世代が中心であることがわかった．職業については「会社員・団体職員」が51.9%と最も高い割合を示していたが，「会社役員・自営業」も26.7%と多く，「1ヶ月のお小遣い」の平均額が11万415円（ちなみに，1年間でトライアスロンに使うお金は平均38万9798円）と高い点は注目しておきたいところだ．

　以上の結果から，本大会の参加者は中年世代の男性が中心で，比較的自由裁量な時間と経済的な余裕のある人たち，という参加者像が浮かびあがってきた．

ii）大会参加の理由と参加行動の特徴

　全国各地で年間約290の大会が開催されるトライアスロン大会のなかから，参加者が本大会を選んだ理由はどういった点にあるのだろうか．もっとも多い回答は「白浜町で開催されるから（白浜町が好きだから）」の30%，2番目が「交通アクセスが良いから」の25.6%，その次に「有名な大会だから」の20.8%がつづいた．

　本大会への参加回数は「はじめて」が52.4%であり，初参加とリピーター（ここでは2回以上の複数回参加者のことをいう）はおおよそ半分・半分の割合といって

よいだろう．白浜への来訪者を増やしたい白浜町としては，当然，大会に「1人」で参加するよりも「友人」や「家族」と一緒に来訪してくれることを期待しているが，同伴者の平均人数2.85人という結果が示すように，「家族」「友人」「チームの仲間」など複数人で訪れる参加者も多い．

また，トライアスロン競技については，競技歴が平均5.87年，半数以上の56.1%の人が，過去3年間に5回以上の大会に参加をしている経験豊富な参加者層であることもわかった．

iii）白浜観光

本大会は，宿泊をともなうツーリズム型スポーツイベントということもあり，主催する「南紀白浜トライアスロン大会実行委員会」は，"白浜"の知名度向上，新たな"白浜"ファンの開拓，近隣市町を含めた地域活性化を開催の目的に掲げている．

そこで，参加者の観光行動のようすについても実態を把握しておこう．大会の前後に白浜周辺の観光を予定している人は45.2%，そのうち61.5%が「大会前」での観光を予定していた．宿泊平均日数は1.2日であり，86.5%の人が「1日のみ」宿泊をし，その際の平均宿泊人数は3.03人であった．なお，大会参加者のうち21.3%は「はじめて」白浜を訪れる人たちである．

分析　クロス集計結果より，"参加回数別"と"同伴者別"の特徴を探る

単純集計の結果から参加者の全体的な特徴がみえてきた．ここでは参加者の特徴をもう少し深く知るためにアンケートデータのクロス集計と若干の分析を行った．クロス集計とは質問と質問をかけ合わせて集計する方法であり，例えば「性別」と「満足度」をかけ合わせて集計・分析することで，男女による満足度の違いをみることができる．今回も様々な質問の組み合わせでクロス集計を試したなかから，今後の白浜への来訪者増加に貢献する情報という観点から"参加回数別"と"同伴者別"の特徴をまとめた．

ⅰ）参加回数別の特徴を探る

・「はじめて」が52.4%，「リピーター」は47.6%．
・30歳代までは「はじめて」が多く，40歳代以降は「リピーター」が若干多い．
・「はじめて」の参加者は，「1人」で参加する傾向がある（9.6ポイント差）．

- 参加理由は「リピーター」が「交通アクセス」「スケジュール」「大会レベル」「良い評判」「温泉がある」ことを参加理由にあげているのに対して,「はじめて」の参加者は「知名度」や「誘われたから」参加を決めるという傾向がみられた.
- 「リピーター」は4年以上トライアスロンを経験している人が76.3%と最も多いのに対して,「はじめて」の参加者は1年以上4年未満が最も多く55.5%であった.

ii）-1　南紀白浜トライアスロン大会に「1人」で参加する人の特徴

- 「男性」の方が「1人」で参加する傾向にある（「女性」と比べて10.9ポイント高い）.
- 居住地別では1位大阪府（23.6%），2位和歌山県（12.1%），3位兵庫県（10.7%）.
- 参加を決めた理由は「スケジュール」「交通アクセス」「有名な大会だから」が主な理由.
- トライアスロン経験年数は「1年未満」が4.3%,「1年以上4年未満」45%,「4年以上」50.7%であった.
- 1カ月の自由裁量所得「3万円超5万円以下」が最も多く,33.1%であった.

ii）-2　南紀白浜トライアスロン大会に「家族」で参加する人の特徴

- 居住地別では1位大阪府（40.8%），2位兵庫県（10%）と近隣地域からの参加割合が高い.
- 参加を決めた理由は「評判が良い」「交通アクセス」「温泉がある」が多い.
- トライアスロン経験年数は「1年未満」が3.8%,「1年以上4年未満」29.2%,「4年以上」66.9%であった.
- 1カ月の自由裁量所得「3万円超5万円以下」が最も多く,30.4%であった.

ii）-3　南紀白浜トライアスロン大会に「チームの仲間」で参加する人の特徴

- 比較的20歳代が「チームの仲間」と参加する傾向が高い.
- 参加を決めた理由は「評判が良い」「コースが好き」にくわえて「誘われたから」が入った.
- トライアスロン経験年数は「1年未満」が1%,「1年以上4年未満」49.5%,「4年以上」49.5%と「1年以上4年未満」のミドル層が多い.

全体の傾向として，本大会参加者は経験豊富な参加者層であるが，なかでも「リピーター」や「家族」で参加する層は，長い期間トライアスロン競技に親しんでいる人が多いようだ．

また，「はじめて」と「リピーター」とでは，参加理由が異なることも興味深い．「はじめて」参加する人は，当然ながら本大会，および白浜について情報量が少ないため，"知名度" や "誘われたから" という理由で参加を決めていたのに対して，「リピーター」になると，過去に参加したポジティブな経験をもとに理由を決めることができるため，"大会レベル" や "温泉がある" といった具体的なサービス内容をあげる傾向がみられた．

"同伴者別" については，明らかな違いをみつけることができたわけではないが，気になるポイントをまとめると，「1人」で参加する人は男性が多く，「家族」や「仲間」と比べて遠方から参加している傾向があった．一方で，「家族」と参加する人は大阪府や兵庫県など近隣地域からの来訪者が多く，競技経験年数が長い点にも特徴がある．「仲間」と参加している人は，比較的ではあるが20歳代と若い層が多く，競技経験年数が短い傾向にある．仲間から「誘われた」ことを参加の理由にあげている点は，この層の特徴だといえるだろう．

大会満足度や再参加意思に影響を与えるサービス評価因子は！？

分析の手順

ここからは，競技終了直後に実施した事後アンケート調査の結果をもちいて，南紀白浜トライアスロン大会というサービスプロダクトを参加者がどのように評価しているのか，また，どのようなサービスが来年も参加したいという思いを刺激するのか，について分析をしていきたい．

分析の手順は，以下に記した21のサービス評価質問項目を因子分析[2]し，潜在的な変数＝因子をみつける．次に，抽出されたそれぞれのサービス評価因子のうち，どのようなサービス評価因子が "来年も南紀白浜トライアスロン大会に参加したい" という「再参加意思」に影響を与えているのかを探る重回帰分析を行った．

サービス評価の質問項目

原田は，マーケティングの大家であるコトラーの知見より，プロダクト（製品）

を「顧客のニーズや欲求を満たすために市場へ提供されるもの」[原田 2018b：37] と提示した．また，プロダクトには，有形財，サービス，経験，イベント，人，場所，資産，情報などが該当することも指摘した．以上の定義から考えると，南紀白浜トライアスロン大会は "ツーリズム経験＋スポーツイベント" の複合型サービスプロダクトと位置づけることができるだろう．今回は，このプロダクト構造の枠組みを活用してサービス評価項目の質問を考えていくことにした．

　図3-1をみてもわかるとおり，プロダクトの5つの層はもっとも中心にある「中核ベネフィット」からはじまり，「基本製品」「期待製品」「膨張製品」「潜在製品」と外側に広がっていく．その際，「基本製品」より「期待製品」，「期待製品」より「膨張製品」と顧客の求める価値のレベルがあがっていく．中央にある「中核ベネフィット」はその事業のアイデンティティに通じるものであり，「顧客が何を求めて製品を買うかという基本的なサービスやベネフィット」[原田 2018b：37] をいう．トライアスロンは，スイム1.5km，バイク40km，ラン10kmの合計51.5kmをかなり厳しい制限時間内でゴールすることが求めら

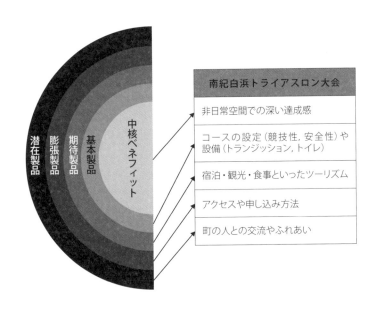

図3-1　南紀白浜トライアスロン大会のプロダクト構造

（出所）原田［2018 b］を修正して筆者作成.

る過酷な競技である．参加者へのアンケート調査結果でも，その過酷さを乗り越える "達成感" を競技継続の理由にあげる人は多い．また，宿泊をともなう遠方で開催されることが多いことからも，トライアスリートの「中核ベネフィット」は "非日常空間での深い達成感" になると考えた．つづいて「基本製品」とは「中核ベネフィット」を生み出すための施設や設備をいうが，ここでは，コースの設定（競技性，安全性）や設備（トランジッション，更衣場所やトイレ）ととらえて，対応する質問を策定した．3つめの「期待製品」であるが，これは「プロダクトの基本部分に新たなプロダクトを付加させ，プロダクトを魅力的に変容させること」［高橋・鈴木・仲澤 2011：253］を示しており，本調査では，宿泊・観光・食事といったツーリズムに関連する質問を用意した．第4のレベルに該当する「膨張製品」は，競技・大会そのものとは直接関係があるわけではないが，参加した経験の全体的な満足度を上げる（あるいは下げない）要因になるものという理解から，アクセスや申し込み方法などの質問項目を設定した．例えば，スポーツ観戦に行ったときに交通渋滞に巻き込まれてしまったり，チケットの申し込みがスムーズにいかなかった経験を想像してほしい．その日のゲームがエキサイティングな試合であったとしても，スポーツ観戦に出かけた1日の経験としては，少し満足度が下がってしまうのではないだろうか．5つめの「潜在製品」は，いまあるプロダクトにこれまでなかった新たな価値が提供されていくことであり，ここでは，白浜町の人との交流やふれあいといったツーリズム型スポーツイベント特有の価値を位置づけてみた．

サービスプロダクト評価の因子分析

では，スポーツプロダクト構造の枠組みを参照して作成した21の質問項目を使って因子分析を行うことにしよう．

まずは，因子数をいくつにするかを決めるところからはじめる．第1回目の因子分析結果において固有値1以上という基準で結果をみていくと，4因子構造を仮定することができた．その際の累積寄与率は50%を越えており，かつ事前に検討した予測との整合性も高そうなことから，以降では4因子を仮定して主因子法・プロマックス回転による分析を実施した．十分な因子負荷量を示さなかった項目を除外しながら分析を繰り返し，最終的には18の質問項目で行った5回目の因子分析の結果をもちいることに決めた（**表3-2**）．なお，回転前の4因子で18項目の全分散を説明する割合は55.32%であった．

表3-2　サービスプロダクト構造の因子分析結果

項目内容	I	II	III	IV
t）滞在中の食事	0.877	0.013	-0.097	-0.022
r）観光地・温泉地・食堂等の情報発信	0.865	-0.019	-0.043	-0.021
s）大会前後の観光	0.725	0.080	-0.060	0.006
p）大会参加者との交流	0.699	-0.046	0.116	-0.060
q）大会の情報発信（ホームページ, チラシ等）	0.693	-0.035	0.147	0.081
u）宿泊プランの案内	0.663	0.012	-0.031	0.135
i）コース設定（競技性）	-0.069	0.904	-0.068	-0.012
h）コース設定（安全性）	0.034	0.755	-0.144	-0.016
g）コース設定（風景）	0.014	0.513	-0.085	0.189
j）コース設備（表示, トランジッション）	0.080	0.461	0.350	-0.159
k）コース設備（更衣, トイレ）	0.059	0.430	0.429	-0.076
m）ボランティア対応	-0.052	-0.178	0.902	0.039
l）コース設備（エイドや給水）	-0.027	0.225	0.679	-0.013
n）沿道の応援	0.026	-0.140	0.672	0.129
d）申し込み方法	-0.056	0.014	0.031	0.835
c）大会開催日（時期）	0.035	-0.074	0.098	0.702
e）大会のレベル	-0.029	0.359	0.001	0.533
a）南紀白浜温泉へのアクセス	0.143	-0.040	-0.019	0.459

因子間相関	I	II	III	IV
I	1	0.421	0.514	0.489
II	0.421	1	0.562	0.331
III	0.514	0.562	1	0.387
IV	0.489	0.331	0.387	1

（出所）筆者作成.

　①『ツーリズム』因子

　1つめの因子は6項目で構成されていて，「大会の情報発信（ホームページ, チラシ等）」「観光地・温泉地・食堂等の情報発信」「大会参加者との交流」「宿泊プランの案内」といった南紀白浜トライアスロン大会というスポーツツーリズムイベントにおけるツーリズム部分に関係するサービス項目で構成されるため，『ツーリズム』因子と名前をつけた.

② 『競技』因子

2つめの因子は5項目で構成されていて,「コース設備（距離表示，トイレの数等）」「コース設定（走路の風景，安全性，競技性等）」といった競技に直接影響を与える項目で構成されるため,『競技』因子と名づけた.

③ 『ふれあい』因子

第3因子は「沿道の応援」「ボランティア・スタッフの対応」といった主に運営者や地域住民との接点について示された3つの項目から構成されていることから,『ふれあい』因子と命名した.

④ 『アクセス』因子

4つめの因子は,「南紀白浜温泉へのアクセス」「大会開催日（時期）」「申し込み方法」「大会のレベル」など，大会参加を決める判断材料，情報・物理的なアクセスに関する項目で成り立っており,『アクセス』因子と名づけた.

満足度と再参加意思を規定する要因を探る重回帰分析

次に，どのようなサービスが参加者の満足度や再参加意思に強い影響を与えるのか，重回帰分析[3]という手法をもちいて分析を行った．重回帰分析とは,「1つの従属変数（基準変数；量的データ）を複数の独立変数（説明変数；量的データ）から予想・説明したいときに用いる」[小塩 2004：95]方法である．

ⅰ）参加者の満足度と再参加意思を規定する要因（全体）

ここでは「南紀白浜トライアスロン大会の運営やサービスについての総合的な満足度」と「今後も継続的に参加したいという再参加の意思」を従属変数,サービスプロダクトの各因子を独立変数として，どのようなサービスが全体の満足度を押し上げ,再参加の意思に強い影響を与えるのかについて分析を行った（**表3-3**）.

その結果，満足度への標準回帰係数の値で有意なサービスプロダクト因子はみつからなかったが，再参加意思に対する標準回帰係数は『ツーリズム』因子と『アクセス』因子において有意な値が示された．以上より，もう1度参加したいという思いを刺激するためには宿泊プランの充実や食事などに関する情報発信といったツーリズム要素と，簡便な申し込みや参加しやすさといったアクセス要素の充実が大切になることがわかった.

ⅱ) 参加者の再参加意思を規定するサービスプロダクト（大会参加回数別）

次に，「今後も継続的に参加したい」という再参加の意思を従属変数，サービスプロダクトの各因子を独立変数として"大会参加回数別"による違いが生じるのか，について重回帰分析を行った（表3-4）.

その結果，「はじめて」参加する人は「大会の情報発信（ホームページ，チラシ等）」「観光地・温泉地・食堂等の情報発信」「宿泊プランの案内」といった『ツーリズム』因子が従属変数とした「再参加意思」に対して有意な標準回帰係数を示した．一方で，「リピーター」は「南紀白浜温泉へのアクセス」「大会開催日（時期）」「申し込み方法」「大会のレベル」といった大会への『アクセス』を重要視していることが示された.

ⅰ）で全体の傾向を分析した際には，『ツーリズム』と『アクセス』の両因子が再参加意思に影響を与えることが示されていたが，より詳細に大会参加回数別の分析を行ったことで，「はじめて」参加した人は『ツーリズム』関連のサービスを，「リピーター」は『アクセス』に関する改善を，それぞれ重要視していることがわかった.

再参加意思に影響を与えるサービスプロダクト分析の最後にトライアスロン競技の"経験年数別"の特徴に違いはみられないか，分析を行ってみた（**表3-5**）.

その結果，トライアスロン競技をはじめて「1年以内」「2〜4年」の経験年数が浅い人は『ツーリズム』に関するサービスが，次回に向けた再参加意思を高める要因になっており，「10年以上」のベテラントライアスリートにとっ

表3-3　満足度・再参加意思に影響を与えるサービスプロダクト

満足度		再参加意思	
	標準回帰係数		標準回帰係数
ツーリズム	0.141	ツーリズム	0.24[**]
競　技	0.143	競　技	0.121
ふれあい	0.057	ふれあい	-0.038
アクセス	0.102	アクセス	0.222[**]
重相関係数	0.117[**]	重相関係数	0.197[**]

$^*p<.05$　$^{**}p<.01$

（出所）筆者作成.

表3-4　再参加意思に影響を与えるサービスプロダクト（大会参加回数別）

はじめて		リピーター	
	標準回帰係数		標準回帰係数
ツーリズム	0.311**	ツーリズム	-0.085
競　技	0.044	競　技	0.209
ふれあい	-0.074	ふれあい	0.156
アクセス	0.172	アクセス	0.428**
重相関係数	0.817**	重相関係数	0.346**

*p<.05　**p<.01

（出所）筆者作成.

表3-5　再参加意思に影響を与えるサービスプロダクト（経験年数別）

経験年数（1年以内）		経験年数（2〜4年）		経験年数（5〜9年）		経験年数（10年以上）	
	標準回帰係数		標準回帰係数		標準回帰係数		標準回帰係数
ツーリズム	0.641**	ツーリズム	0.378**	ツーリズム	-0.032	ツーリズム	0.215
競　技	0.482	競　技	0.031	競　技	0.056	競　技	0.006
ふれあい	-0.177	ふれあい	-0.254	ふれあい	0.13	ふれあい	0.436**
アクセス	0.076	アクセス	0.272	アクセス	0.261	アクセス	0.266
重相関係数	0.595**	重相関係数	0.243**	重相関係数	0.11	重相関係数	0.468**

*p<.05　**p<.01

（出所）筆者作成.

ては，白浜の人や大会関係者とのコミュニケーションといった『ふれあい』に満足を感じた人が，来年もまた大会へ参加しようという意志が高いことを示していた.

2. 南紀白浜トライアスロン大会のつくり方

　大会への参加希望が定員を超過し，参加者の90.8%が満足，87.6%が再参加意思を示している現状からみて，南紀白浜トライアスロン大会はトライアスリートから高い評価を得ている"成功した大会"といってよいだろう．

　では，この"成功した大会"を誰がどのようにつくっているのだろうか．ここでは主催団体の「南紀白浜トライアスロン大会実行委員会（事務局）」に行ったヒアリング調査の結果[4]と大会関連資料をもとに成功の理由を探っていくことにした．

マーケティング分析の手法

　マーケティングを理解する際は，"哲学"と"技術"の両面から考えていくとよいだろう．

　"哲学"といっても決して難しい話ではなく，考え方や志向のことだと思ってもらえればよい．マーケティングを実践するうえで大切な考え方として"顧客志向"という考え方がある．"顧客志向"とは，商品やサービスを開発するとき，自分が売りたいものを売ろうとする（＝販売志向）のではなく，（ターゲットに特定した）お客さんが欲しいもの〈ウォンツ〉や必要なもの〈ニーズ〉を基点に商品開発やプロモーションに取り組むというものだ．"まずは相手が喜ぶことを考えましょう"といったところだろうか．

　もう1つの"技術"だが，こちらはマーケティングの具体的な手法のことなので，順をおって説明をしていく．原田は，コトラーを参照しつつ，マーケティングを「ある〈ニーズ〉を満たす特定の財やサービスに対する〈ウォンツ〉を創造し，交換という意図（インテンション）を導き，生産者と消費者双方の価値を高めること」［原田 2018a：16-17］と定義した．ここでおさえておきたい言葉は"交換"である．単純化して表現すると，売る人から買う人へモノやサービスがわたり，買う人から売る人へお金がわたるという"交換"がつづく仕組みをつくるものだと考えてみよう．マーケターは，より良い"交換"の仕組みを構築するために市場と組織の内部環境を検討し，マーケットセグメンテーションやターゲティングを行い，有効なマーケティングミックスの開発に取り組む．

"交換"を創出するために開発された以上のような概念，枠組み，理論をここでは"技術"とよんだ．

多くのマーケティング"技術"のなかから，今回はマーケティングミックスの手法をもちいることにした．マーケティングミックスとは，「マーケティング・プランの目的と目標を達成するために開発する4Pと呼ばれる4つの要素の戦略的な組み合わせ」[藤本 2018：177]をいう．4Pとは，「製品」（product）「価格」（price）「流通」（place）「プロモーション」（promotion）のそれぞれの頭文字をとったものであり，有効性の高いマーケティングミックスを開発するためには，4つのPが顧客のニーズにフィットしているかという点と4つのPそれぞれの取り組みが互いに整合性を持っているかの2点がポイントになる．

以下では，上記のポイントを頭において，南紀白浜トライアスロン大会がなぜ順調に参加者を増やし，参加者の満足度や再参加意思が高い大会へ成長することができたのかについて考えていきたい（**図3-2**）．

大会を成功に導くマーケティングミックスの開発

プロダクト

ⅰ）トライアスロンという競技特性

南紀白浜トライアスロン大会のプロダクトは，当然ながらトライアスロンの競技大会を中心に構成されている．本大会はマラソン大会でよくみられる，フルマラソン，ハーフマラソン，10キロ，親子ペアのように距離や参加資格別に種目設定されることはなく，スイム1.5km，バイク40km，ラン10kmの合計51.5kmのオリンピックディスタンスの種目のみで開催されている．スイム，バイク，ランのそれぞれに通過制限時間があり，トータルでも4時間30分以内にフィニッシュ地点に戻ってこなければならず，競技性の高い大会だといえるだろう[5]．

トライアスロンという競技には"過酷""限界への挑戦""自分との闘い"といったイメージをもつ人が多く，「長時間，長距離にわたる苦痛を特徴とするスポーツの総称である」[浜田 2019：200]"エンデュランススポーツ"の代表的な種目に位置づけられている．では，なぜこれほど大変な競技に人は惹きつけられるのだろうか．"エンデュランススポーツ"の体験について，参与観察やインタビュー調査をもちいて社会学の視点から研究をすすめる浜田は，「目標に向け

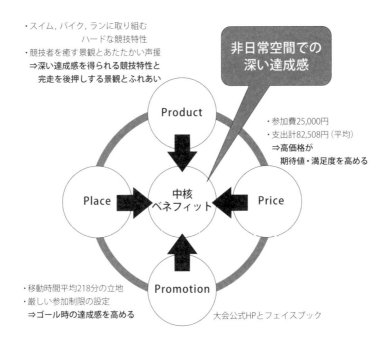

・スイム, バイク, ランに取り組む
　ハードな競技特性
・競技者を癒す景観とあたたかい声援
⇒深い達成感を得られる競技特性と
　完走を後押しする景観とふれあい

非日常空間での
深い達成感

Product

・参加費25,000円
・支出計82,508円 (平均)
⇒高価格が
　期待値・満足度を高める

Place　　中核ベネフィット　　Price

・移動時間平均218分の立地
・厳しい参加制限の設定
⇒ゴール時の達成感を高める

Promotion

大会公式HPとフェイスブック

図3-2　南紀白浜トライアスロン大会のマーケティングミックス

(出所) 筆者作成.

て練習に励み, 少しずつ限界を更新することで得られる達成感の積み重ね」[浜田 2019：202] と, その「達成感を積み重ねていくときの生きている感じ」[浜田 2019：202] が, トライアスロン (= "エンデュランススポーツ") の魅力であることを指摘した.

　トライアスロン大会には, この "非日常空間での深い達成感" が, プロダクトの中心に組み込まれている点に大きな魅力 (価値) があるのではないだろうか.

ii) 白浜の海と山, 景観を活かしたコース

　この過酷な大会のなかで "癒し" となっているのが, 景観豊かなコースだといえそうだ. 大会のサービス評価に関する調査結果をみても, 21項目中第2位にランクしたのが「コース設定 (走路の風景)」であり, 自由記述コメント欄でも「海に山, 自然がとても美しく, 辛いコースですが, 頑張ることができまし

た」（44歳，女性）などコースの景色について語る参加者が多かった．

iii）ボランティアや沿道からの声援

また，「町の人がみんな親切で，それだけでも大会に参加してよかったと思わせてくれます」（45歳，男性）や「いつも沿道からの応援に力をもらいます」（36歳，女性）といったコメントも多くみられ，サービス評価に関する調査結果でも第1位が「ボランティア・スタッフの対応」であった．

以上 i ）〜iii ）より，トライアスロン大会とは，"非日常空間での深い達成感"を中核ベネフィットにもつプロダクトである，というのが私の見解だ．ただ，その達成感を味わうためには条件がある．無事にフィニッシュをする必要があるということだ．過酷な競技，難しいコースはときに達成感を倍増させるが，フィニッシュまでたどりつけないというリスクを生む．そのリスクを軽減させるのが，苦しい場面で参加者の背中を押す素晴らしい景色であり，沿道からのあたたかい声援ではないだろうか．

"非日常空間での深い達成感"を得ることができる競技特性やコース設定であることと，完走を後押しする白浜特有の景観とあたたかい声援がセットになり，南紀白浜トライアスロン大会というプロダクトを成立させていた．

プレイス

ここでは，プレイスを単に場所という意味としてとらえるのではなく，広く大会参加へのアクセスと考え，申し込みの方法や参加制限（出場資格）についてもプレイスの要素として取り上げている．

申し込み方法は「LAWSONエントリー」または「MSPOエントリー」の2つの窓口のうち，どちらかで行うことになっている．申し込み期間は，直近の2019年大会の場合だと，2019年1月20日〜2月10日であった．

現地までの利用交通機関は，自家用車が回答者の半数以上を占める395名ともっとも多く，次いで航空機の64名，電車の利用は28名と少ない．事前アンケート調査の結果では，首都圏からの参加者は81名，そのうち東京からの参加が53名であった．白浜町は（白浜空港を利用した場合）羽田空港から約75分で到着する場所にあるが，航空機利用64名のうち38名が白浜空港を利用していた．出発地点から白浜への平均所要時間が218分であることから，首都圏からは航空機，

近畿圏からは自家用車という参加者の交通機関の利用パターンが推察できる.

ツール・ド・おきなわという自転車ロードレースの参加者増加要因を分析した中村［中村・岡本・江頭ほか 2010］の研究によると，いくつかある重要なマーケティングポイントの1つに"参加制限の設定"をあげていた．少し長くなるが引用をすると「ツール・ド・おきなわのレースは，完走が困難なコースを走る競技であり，完走するためには相当高いレベルの能力が必要とされる．そこでレースのレベルに適した選手の参加を促すため，〜中略〜ロードレースに参加経験の無い申込者は参加できないという参加条件を設けた」［中村・岡本・江頭ほか 2010：182］というのだ．参加者制限を設定したことで，国内最高峰の市民レースという大会の格を高め，参加したいという思いや参加した際のゴールの達成感を大きくするなど，安全面のみならず，マーケティング上の効果も高かったと指摘する．

南紀白浜トライアスロン大会も，初心者にとっては相当に厳しいであろう参加制限（出場資格）が設定してある．18歳以上で日本トライアスロン連合（JTU）登録者であることに加え，3年以内のオリンピックディスタンスでの記録，または，スイム1500m以上の3年以内の記録証明書を示すなど，特にスイムについて厳しい出場資格を設定している．海を泳ぐという健康・安全上の問題ももちろんだが，「もし万が一大きな事故が起きた場合，次の年にどんなに安全対策を強化しても，過去のほかの大会の事例からも白浜大会の開催が回避される可能性があると思うんですね．事故が起きないよう最善を尽くしていますが，もし起きてしまっても，安全対策の状況をしっかり理解できるベテラン中心の大会であれば，そういったリスクも回避できるという考えもあります」と事務局スタッフが話したように，参加者募集の観点からも戦略的にベテラントライアスリート層が中心となるような設定を行っていた．

プライス

南紀白浜トライアスロン大会の参加費は，第1回大会（2014年）の2万円から少しずつ値上げを重ね，第5回（2018年）大会から2万5000円となり，以降，変わっていない．この2万5000円が高いのか安いのかについては，例えば，大阪マラソンの1万800円と比べると高価格であるし，同じトライアスロンの大会である大阪城トライアスロン大会の2万9000円（一般枠）と比べると，若干安い．大会参加に際しては，参加費，交通費，宿泊費，飲食費，観光＆お土産

代が支出として想定されるが，本大会における支出合計の平均額は8万2508円となっており，全体的にみて決して安い出費でないことがわかる．

プロモーションについて

最後にプロモーションについてであるが，主な情報提供は大会公式ホームページとフェイスブックである．ダイレクトメール（DM）の活用がリピーターを生む1つの作戦としてその有効性を指摘されてはいるが[6]，南紀白浜トライアスロン大会では，近年定員を超える参加希望があり，DMを送付した参加者が抽選の際に落選してしまう可能性もあることから，現在は行っていない．

先にも述べたが，4つのPを有効性の高いマーケティングミックスにするためには，顧客のニーズと4つのPがフィットしているかという点と4つのPそれぞれの取り組みが互いに整合性を持っているかが重要になってくる．

南紀白浜トライアスロン大会は，トライアスロンという競技特性を十分に活かして"非日常空間での深い達成感"を提供するマーケティングミックスの開発を行っていた．プロダクトの中心的な価値である"達成感"を得るための必要条件＝"完走"を後押しする仕掛け（景観豊かなコース設定と沿道からのあたたかい声援）が大会を重ねるごとに改善され，参加者からの高い評価を得ていた．また，プレイスにあたる厳しい参加制限（出場資格）の設定が参加者のレベルをあげることにつながり，難易度の高いコース設定を可能にする．プライスにおいても，高い参加費，移動・宿泊をともなう大会参加にかかわる旅費，年間平均38万9798円というトライアスロン競技にかける費用，この高額な出費が逆に参加者のトライアスロン競技への思い入れを刺激し，満足度を高める要因になっていた．

大会を成功に導く組織運営の3つのポイント

このようなマーケティングミックスの改善は誰によって進められたのだろうか．南紀白浜トライアスロン大会は，「南紀白浜トライアスロン大会実行委員会（以下，実行委員会と略す）"」が主催団体である．メンバーは，白浜町，和歌山県トライアスロン連合，白浜観光協会など15の団体で構成されており，実行委員会を中心に3つの専門部会がある．3つの専門部会は，スポンサー募集，広報，ボランティア対応など広く大会運営を支える総務部会，ゴール地点の出

店管理やアワードパーティーを担当する会場管理部会，専門的な競技運営を担う競技運営部会にわかれている．

　私たちは，第6回大会終了後の2019年8月に大会事務局スタッフ2名と南紀白浜観光局スタッフ1名を対象に“大会のつくり方”に関するヒアリング調査を行った．ここではヒアリング調査の結果から示唆された，大会を成功に導く3つの組織運営のポイントをまとめておきたいと思う．

　1つめは，適材適所の配置（＝餅は餅屋へ！）である．現在の実行委員会は，会議の効率化を進めつつも各部会から積極的な意見を集めるなど，良好な組織運営のようすをうかがうことができた．しかし，第1回大会（2014年）の開催時は「大会前もそうですし，大会中，大会後も非常にいろんな所で苦情の嵐といいますか，大変な状況だったと僕らも聞いていまして」（事務局スタッフA）と話すように，翌年の開催が危ぶまれるほどの状況であった．関係者の努力によって前年より1カ月遅い6月に第2回大会は開催されたのだが，その際，大会の運営体制は大きく変化することになった．1年目に比べて事務局体制が整備されたことで，例えば，交通規制の協議は行政，事前の告知は専門部会，コース設定といった競技に関することは和歌山県トライアスロン連合，ボランティア対応は白浜町社会福祉協議会，というように適材適所の配置が進み，各組織の担当と責任の所在が明確化していった．

　2つめのポイントは，ボランティアマネジメントの工夫である．ツーリズム型スポーツイベントは交通規制や参加者の食事・宿泊をともなうため，地元団体や住民の協力なくして運営をすることはできない．また，大会参加者も「沿道の応援」や「ボランティア・スタッフの対応」といった地元の人との『ふれあい』に喜びを感じ，リピートするという側面もある．本大会のボランティアスタッフは，「団体で集めていただくのは社協さん」（事務局スタッフA）と述べるように，白浜町の社会福祉協議会がとりまとめの役割を果たしている．ボランティアスタッフの総数は毎年約450名，そのうちトランジッション地点や給水地点などコースに配置されるスタッフが約230名，そのほか専門的な救護班やゴール地点を盛り上げるチアリーディングなどの担当がある．白浜町は観光の町ということもあり，もともと町の人が協力しあうイベントが多い町であった．それにくわえて，「やはり宿泊をともなうんで」（観光局スタッフ）や「宿泊のみならず，飲食店で食事をされたりとかもあるかと」（事務局スタッフA）のように，早い時期にわかりやすいメリット感を共有できたことがボランティアス

タッフの確保をやりやすくした.

このようにして集まったボランティアスタッフに対して,事務局からは特に細かな指示や要望はだしていないという.ただ,工夫しているポイントとしては,継続参加のボランティアスタッフへは,業務内容も担当場所も可能なかぎり,毎年同じこと,同じところを担当してもらっているという点だ.イベントボランティアの経験値の高い町民が,毎年同じ業務と場所を担当することで「「去年これができんかったから,今年こうしときましたよ」とか「こういう方が良かったから,もうこうしといたで」」(事務局スタッフA)と,みずから工夫して改善を行うといった状況を生んだ.

ボランティアスタッフが前向きに参加することは,地元の人との『ふれあい』がプロダクトの特徴であるツーリズム型スポーツイベントにとって,商品の価値を左右する大きなポイントになる.例えば,行政から町内会などの地域団体へボランティア依頼をした場合,はじめの頃は積極的な協力を得られていても,次第に参加が義務的な雰囲気になることでモチベーションが下がってしまうということがある.白浜町の事務局スタッフは,これと同様の心配から,組織による動員型の募集だけではなく,個人のつながりによる小単位の募集にも取り組んでいた.具体的には,事務局スタッフと親交があった地元のサッカーチームに声をかけ,給水やエイドステイションの担当を快く引き受けてもらった.

大会を盛り上げるためには地元の盛り上がりが必要であり,地元を盛り上げるためにはボランティア参加者が楽しんでいること,それが条件となる.頼まれたからではなく,楽しみにしているという状況をつくることが,ボランティアマネジメントのカギになるだろう.

3つめのポイントは財務上の自立である.第6回大会(2019年)の収入総額は約2100万円,内訳は参加費が1800万円(参加費2万5000円と参加申込者720人),協賛金130万円,そのほか(ゴール地点の出店料など)になることがわかった(ヒアリングより概算を算出).

ここで注目したいのは「第3回から補助金の交付は受けていないので」(事務局スタッフAを筆者が一部改変)というコメントである.本大会は,白浜町からの補助金に頼ることなく,財務的に自立した運営を行っているというのだ.「補助を受けないと開催できないようなイベントやったら,僕は実施しないほうがいいっていう感覚なんで.何とか独り立ちして続けようと」(事務局スタッフAを筆者が一部改変)と述べているように,財務面での自立は早い段階から志向され

てきた．では，補助金を必要としない財務面での自立には，どのようなメリットがあるのだろうか．「やっぱりこういうイベント，大きいイベントなんかやるのは，前向きでしていかんと進んでいかないと思いますし」（事務局スタッフA）と語るように，イベントを魅力的なものにするためには，関係者から前向きな意見を引き出し，活かしていくことが大切になってくる．しかし，一般的に補助金を受けていれば，交付する側の規則や意向に準じざるを得ないことも多くなる．そうなると，「トライアスロン連合からも『こうやってしたい』『もっとこうしたら？』といろいろな要望もありますけど，割と僕も断らないようにはしています」（事務局スタッフAを筆者が一部改変）といった，現在，行うことができている柔軟な対応と運営が難しくなってくる．財務上の自立を確保することが，より魅力的な大会にするためのチャレンジ（＝柔軟な対応と運営）を可能にするのであった．

◤ 3. 学生によるスポーツまちづくりの企画発表 ◥

「Sport Policy for Japan」大会参加のようすを誌上再現する！

　スポーツとまちづくりをテーマに南紀白浜トライアスロン大会というツーリズム型スポーツイベントを対象として“どのようなサービスが参加者のもう1度来たいという気持ちを刺激するか”ということや“どのようにそのサービスプロダクトがつくられているのか”について，ここまで話を進めてきた．

　本書は，高等教育機関における学びを促進することを目的に，スポーツ科学（特にスポーツビジネスの領域で）を学ぶ学生にとって「読みス〻めればわかる教科書――SPORTS PERSPECTIVE SERIES――」の1冊として刊行されている．大学の授業には，講義・演習・実習といくつかの形式があるが，「成熟社会における学生の社会的自立や職業生活に必要な能力の育成」〔西村・田島・佐々木ほか 2019：178〕に効果があるといわれるPBL[7]，インターンシップ，社会体験活動などの演習・実習型の授業が，近年，充実する傾向にある．社会の変化がはやく，先が読みづらい現代社会では，1つの答えをみつける力以上に，何が問題になっているのか，問いをたてる力の育成が重要性を増している．

　私のゼミは“スポーツとまちづくり”をテーマに学ぶゼミである．テーマの

特性もあるが，社会のなかで解決すべき問題をみつける力の必要性を強く感じ，できるだけ大学の外に出向く授業を実践している．例えば，「新聞社に協力をいただいて制作した地元密着型スポーツ新聞の発刊」や「青年会議所の事業の一員にいれていただき，幼稚園の園庭を芝生化するというプロジェクト」にも参画した．ここ数年は，（公財）笹川スポーツ財団が主催する全国の大学３年生を対象としたスポーツ政策のプレゼンテーション大会「Sport Policy for Japan」にチャレンジをしている．"書を携えて，町に出た"スポーツとまちづくりの企画づくりの成果を大会で発表している．

　そこで，本章の最後に2017年の「Sport Policy for Japan」で学生が実際に発表した企画を（できるだけ）誌上で再現してみたいと思う（**写真3-3**）．2017年大会で発表した企画は，ここまで執筆してきた南紀白浜トライアスロン大会を活用した白浜町の地域活性化をテーマにしたものであった．ここまでの話を頭の片隅におきつつ，学生たちがどのような解決策を提案したのか，一緒にゼミに参加しているつもりで!? 読み，考えてもらえればと思う．

「トライアスロンの可能性!! In 白浜 ～人口減少と空き資源の活用～」の発表

スポーツで町の課題を解決する
【学生発表】

　私たちのゼミは「スポーツで町を元気にする」ことを目標に調査や企画づくりを進めています．私たちは「スポーツで町を元気にする」ためには「山積する町の生活課題をスポーツの力で解決すること」が「スポーツで町を元気にする」という目標達成に近づくのではないかと考え，企画づくりを行いました．

　題名は「トライアスロンの可能性!! In 白浜 ～人口減少と空き資源の活用～」です．

写真3-3　SPJ 2017 での発表のようす

（出所）筆者撮影．

〈解説〉

　教員が投げかけた「スポーツで町を元気にする」という抽象的なコンセプトを自分たちの腑に落ちる言葉で理解をするために，学生たちは何度も話し合いをつづけた．「町が元気になるって，どうなることをいうんだろう？」議論を重ねたなかからみつけだした答えが「その町が抱えている問題をスポーツの力で解決していくことができれば，町は元気になるのでは？」という視点であった．

　そこから，学生たちはいろいろな文献やインターネット情報の検索から地域課題に共通する原因には「人口減少」の問題がでてくることに気がついた．2節で指摘したように，白浜町も定住人口，交流人口ともに減少傾向にあり，南紀白浜トライアスロン大会開催のきっかけも「観光の閑散期にお客さんが来てくれるイベントをつくれないか」という問題意識からスタートしたものでもあった．

　学生たちは南紀白浜トライアスロン大会が「交流人口」を増やすイベントになり得ているのかを検証することから，今回の企画づくりを前に進めはじめた．

大会の成功 ≠ 町の目標達成

【学生発表】

　南紀白浜トライアスロン大会の大会応募者数は，第1回が550名，第2回が584名，第3回が862名，第4回が945名と毎年増えつづけ，最近では定員の700名を超える応募者数があるため，抽選を行っていると聞きました（図3-3）．

　また，私たちのゼミで大会参加者へアンケート調査（図3-4）を行った結果（2017年大会），参加者全体の89.6%が「大会参加に満足」したと回答し，87.5%が「また

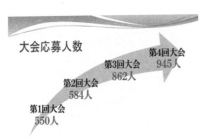

図3-3　発表スライド 応募者の推移

（出所）大阪経済大学田島ゼミ作成.

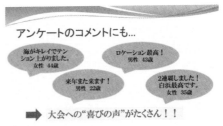

図3-4　発表スライド アンケートコメント

（出所）大阪経済大学田島ゼミ作成.

参加したい」と答えるなど，大会として大きな成功を収めているといってよいと思います．さらに，大会事務局の担当者にヒアリング調査をさせていただきましたが「夏の海水浴シーズン前の5〜6月はどうしてもお客さんが減ってしまう．そんななかで700名の参加者や大会関係者，さらに参加者の家族などが来訪し，宿泊し，食事をするということは町全体にとってのインパクトは決して小さくない」とお話をされていました．以上からも，この大会は成功している，と私たちは考えています．

〈解説〉
　学生たちは大会をみた印象だけではなく，アンケート調査を行い，その結果をふまえて大会が成功しているか，否かを考えた．統計的に精度の高い分析とはいえない面もあるが，過去のトライアスロン大会やマラソン大会の調査結果を検討しつつ，調査準備に取り組んでいた．ただし，学生たちの間で，なんとなくまだ腑に落ちない雰囲気，大会は成功しているが，まだ何かが足りない，そんな雰囲気が残っていた．

　　Aさん
　　「大会開催のパンフレットには『白浜の良さをPRして，何度でも白浜に訪れていただけるよう，白浜ファンの新規開拓を図ります』なんてことも書いてあったよね」

　　Bさん
　　「確かに，トライアスロン大会にまた来たいという人も多いから，それはそれでいいねんけど，でも，定員も決まっているから参加者は700名以上になれへんし，白浜来るっていっても，これやと年に1回しかけえへんから，インパクトちっちゃない？」

　　Cさん
　　「そうやなあ．こんなに来た人の満足度が高くて，温泉もあるし，景色もいいし，アクセスも東京＆大阪から悪くはないし，トライアスロンの時期以外にも来訪してもらえるような仕掛け，企画したいなあ」

　といった内容の議論が交わされていた．

表3-6　成果達成に向けたマネジメントプロセス

制　度		稼　働		成　果
仕組み		運営状況		最終的な目的・目標
トライアスロン大会		参加者増で，大会が盛りあがる		経済効果，交流人口の増加

（出所）筆者作成.

　広瀬［2005］は，経営を考える際には，①「制度」②「稼働」③「成果」の３つの観点から分析をする必要があると指摘している. この場合の③「成果」とは，組織の最終的な目標のことであり，そこから①「制度」は成果につながる仕組みとなり得ているか，②その制度はしっかり「稼働」をしているか，を検証しなければならないという. これを南紀白浜トライアスロン大会のケースで考えてみると，「制度」とはツーリズム型スポーツイベントであるトライアスロン大会のことであり，「稼働」とは大会が盛り上がっているか，大会が存続可能な運営状況になっているか，ということであり，「成果」とは白浜町の最終的な目標である経済効果や交流人口の増加に貢献できているか，と考える. 大会の盛り上がりは，白浜町にとっては「稼働」の状況であり，それが「成果」＝最終的な目標ではないという視点だ（表3-6）.
　以上の視点をふまえて，学生発表のつづきを聞いてみよう.

【学生発表】
　スライド（図3-5）をご覧下さい. 私たちは，大会参加者数，アンケート調査の結果，大会の雰囲気から，スポーツイベントとしての南紀白浜トライアスロン大会は成功している！ と考えました. ただ，大会事務局の担当者の方へのヒアリングをとおして，大会の成功≠町の目標にはまだ至っていないと感じています. 白浜町の目標が「大会の成功をきっかけに町へ来る人を増やしたい」，「町の名前を全国的に広めたい」ということは，実際に大会のパンフレットにも書いてありました. 以上の状況から，大会そのものは成功しているが，町の目標達成に向けては，まだ道の途中であると，私たちは考えたのです.
　そこで，この大会の成功を活用して，町の目標を達成し，交流人口の増加という町の課題を解決する仕組みを提案したいと思います.

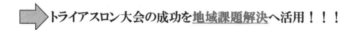

図3-5　発表スライド 大会の成功≠町の成果達成

（出所）大阪経済大学田島ゼミ作成.

〈解説〉

　白浜町はトライアスロンの競技者を増やすことやトライアスロンの大会を盛り上げることを目的に存在する組織ではない．白浜町の最終的な目標は町の活性化である．具体的にいえば，トライアスロン大会を活用して，白浜への来訪者を増やすことやファンを増やすことが目標であり，それらが町の経済を潤すことを期待している．あるいは，社会的効果として，町民同士の交流が深まることや長期的には町への愛着が高まっていくことを期待していたりもする．広瀬［2005］が指摘するように，大会が盛り上がることは白浜町の成果達成に向けた必要条件ではあるが，十分条件ではない，ということだ．学生たちはこのポイントに気づいたのである．

　企画発表会では，学生は以上の視点から2つの企画を提案した．1つは，白浜への新規のお客さんを開拓する「"NEO" in shirahama」だ．年間をとおしてトライアスロン関連のイベントを開催する企画である．もう1つが，大会に参加した人を中心にリピーターを拡大・獲得していこうとする「Hotel customer service ——空き資源の新しい活用を——」である．本書では紙幅の都合もあり，2つめの企画，大会の成功を活かしたリピーター獲得の仕組みづくりについての発表を紹介したい．

1年に1度から，1年に何度も訪れる町へ
【学生発表】

さて，トライアスロン大会の参加者をベースに白浜へのトライアスリートの来訪者を拡大していく，しかも同時に白浜町の抱える町の課題も解決してしまおう！という欲張りな企画をこれからご説明したいと思います．

私たちが着目したのは，「普段一緒に練習しているトライアスリート仲間」です．先行研究より，トライアスリートは参加者の平均年齢は44.1歳と比較的高く，競技開始年齢も38.7歳と遅い傾向がある一方，競技継続年数や今後の競技継続意思が高いという特徴がわかっています．私たちが行った調査でも50％以上の人が5年以上のトライアスリート継続者でした．そんな長くつづける傾向があるトライアスリートは，普段，どんな人と練習しているのでしょうか．もっとも多かったのは「1人」（324名）だったのですが，「今回参加の仲間（171名）」と「今回参加以外の仲間（139名）」を合わせると310名もいて，"仲間"と一緒に練習する人がたくさんいることが判明しました．私たちは，この「普段一緒に練習しているアスリート仲間」をターゲットとして注目したのです．

〈解説〉

ここでも実施したアンケート調査の結果を十分に活用し，企画をつくっていった．キーになった結果は「普段一緒に練習しているトライアスリート仲間」である．学生たちは，大会に参加しているアスリートの多くが普段の練習では仲間と練習していることを知り，その仲間を誘って白浜へ合宿練習に来てもらうアイデアを考えついた．1年に1度だけ大会参加に訪れるのではなく，年間をとおして気候が良く，東京や大阪からのアクセスも良く，温泉地として体のケアもできる白浜が，練習の場＝合宿地として何度も訪れる場になることを目指した企画である．具体的なプランを聞いてみよう．

"接点"を"継続""拡大"する！
【学生発表】

普段練習している仲間と合宿地として白浜を訪れてもらう．そのためにはトライアスリートに喜んでもらえる宿泊サービスが必要だと，私たちは考えました．

1つは，食事です．白浜の特産物である"梅""海産物""果物"をふんだんにもちいたアスリート飯を提供します．低カロリー高たんぱく質の食事で，なおかつ疲

労回復につながる「ささみともやし炒めの梅肉和え」もメニュー候補の一品です.

　2つめは，バイク練習後に専門的なメンテナンスができる専門スタッフ対応サービスや，海でのスイム練習後に宿舎に入る前に砂を落とせる屋外シャワー，あるいは簡易プールの設置のような，トライアスリートが練習しやすい環境を整備していきたいと思っています.

　これらのトライアスリート向けに考案されたサービス（実際の発表では，このほかのサービスも提案していますが，ここでは2つだけの紹介とします）を，宿泊するトライアスリートが必要なものだけを組み合わせて注文できる形式で，お客様のニーズにフィットしたサービスを提供できると考えています.

〈解説〉

　サービスの具体的な内容はニーズの把握やサービスの実現可能性といった点から，おおいに改善の余地はあるが，南紀白浜トライアスロン大会で創出することができたトライアスリートと白浜との“接点”を，どのように“継続”“拡大”させていこうかという着眼は重要なものだと考える.

　学生たちの発表もそろそろクライマックスに近づいてきた. これまで紹介したトライアスリートが仲間と何度も訪れたくなる場としてのインフラ（宿舎）整備と，過疎が進む白浜町の地域課題を解決する三方良しの企画アイデアをお聞きいただきたい.

三方良し[9]の企画づくり
「Hotel customer service——空き資源の新しい活用を——」
【学生発表】

　さて，このようなトライアスリート仕様の施設・サービスを誰が？ どこで？ 提供するのか.

　ホテルや民宿が部屋を改装して提供をする. そんな方法もあるとは思いますが，私たちは白浜の町が抱える地域課題の解決も一緒に考えていきたいという思いがあります. そこで，空き家をリノベーションした別荘の販売，それにちょっとした工夫を加えることでみんながハッピーになる仕組みを提供できないかな，と思っています.

　少子高齢化による過疎が進むことで，日本全国にたくさんの空き家が増えていると聞きました. そして，それが社会問題になっている，と. 和歌山県を例に調べて

みると，和歌山県の空き家率は全国３位の18.1%，なかでも白浜の空き家率は県内
１位の30.6%ということがわかりました．空き家が増えると何が起きるのか．建物
の老朽化による景観の悪化や治安の悪化，景観や治安が悪化することによる当該地
域のイメージダウン，イメージダウンによりその土地の地価も下がっていく，とい
う負のサイクルが起きてしまいます．これは観光の町白浜としても，対策を考えな
いといけません．

　私たちが考えたスキームは次のとおりです（**図3-6**）．

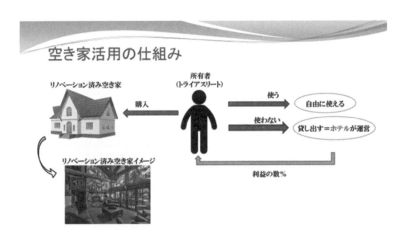

図3-6　発表スライド 空き家活用の仕組み

（出所）大阪経済大学田島ゼミ．

　まずは，たくさんある（笑）空き家をトライアスリートが練習で使用できるような
仕様にリノベーションして販売をします．
　これまでの発表でお話してきたように，そこにはセキュリティの高いバイク置き
場があり，スイム練習後に部屋に入る前に砂を落とせる屋外シャワーも設置してあ
る．練習仲間と白浜の地に一緒に訪れ，学生時代の合宿のような雰囲気で楽しむ場
を想定しているので，みんなでくつろげる居心地のよいリビングも外せません．も
ちろん，温泉をひき，足を伸ばすことができる大きめのお風呂も必要でしょう．そして，
料理は先に述べたホテルサービスにて，ルームサービスのような形で注文すること

ができ，体やバイクのケアやメンテナンスも先ほど提案したホテルサービスから必要なものを頼むことができる．

　以上のようなトライアスリートが特別な時間が過ごせる場を提供することができれば，トライアスリートの職業構成や平均自由裁量所得のデータを考えたとき，この別荘のニーズはあるのではないかと思っています．

　さて，ここからもう少し話はつづきます．**図3-7**のスライドをご覧ください．

　この空き家活用型別荘の運営の仕組みを説明いたします．

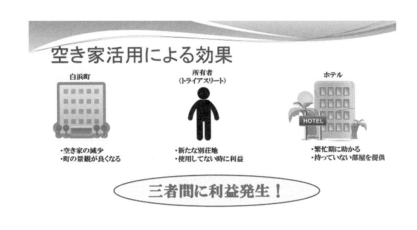

図3-7　発表スライド 空き家活用による効果

（出所）大阪経済大学田島ゼミ．

　トライアスリート仕様につくられた別荘を販売し，白浜を気に入ったトライアスリートが購入します．自ら購入した別荘なので，もちろん使いたいときに自由に練習の場として使用することができます．仲間と何度も合宿をすることも可能です．ただ，現実的な問題として，どんなに合宿で使用したとしてもやはり年間使用回数となると，おそらく300日近くは使用しない状況になることが想像できます．その300日の使わないときは，近隣のホテルと契約し，管理・運営する．つまり，ホテルの一室として活用する方法だとどうでしょうか．

　所有者であるトライアスリートは，使いたいときは自由に使用できるし，使用していないときはホテルに管理・運営を任せ，利用料金の数％を利用料として支払って

もらう．コストだったものが，少しかもしれませんが収入に変えることができるという発想です．ホテルにとってはどうでしょう．これまでの部屋とは異なる白浜でスポーツをしたいというお客さんへ，そのニーズにあった新しい部屋を提供することができる．それに，トライアスリートは夏の繁忙期に練習に来ることはないでしょうから，繁忙期対策として部屋を確保することにつながるかもしれません．そのほか，白浜町にとっても空き家の減少，スポーツツーリズム（別荘型）の町として新たな町のブランド力強化につながるのでは，という期待を込めて，私たちは企画を作成しました．

〈解説〉

　いかがだっただろうか．できるだけ学生の発表会での様子を再現するつもりで構成してみた．1つ1つの提案内容は，まだ粗削りで実際の活用に耐えうるものではないことは否めない．しかし，地域が抱える課題をスポーツの力を活用して解決，改善に進めようとする考え方や，大会参加者との接点を活用してその接点を継続・拡大させていこうという学生たちの着眼は，スポーツとまちづくりに取り組むうえで大切なポイントであると考えている．

　国土交通省では，国内旅行需要の拡大を目指した「ニューツーリズム創出・流通促進事業」において実証事業（募集は2007〜2009年度）を行い，地域資源を活用した“体験型”や“交流型”という新たな形態の旅行商品のニーズや成功事例を蓄積してきた．「スポーツを『観る』『する』ための旅行そのものや周辺地域観光に加え，スポーツを『支える』人々との交流」［スポーツ・ツーリズム推進連絡会議　2011：2］を含むスポーツ・ツーリズムは，スポーツの普及・振興の範疇にとどまらない，観光まちづくり政策の一環として位置づけられている．本章で取り上げた南紀白浜トライアスロン大会も，5月の観光閑散期に1日で1000人以上の域外からの来訪者を獲得するなど，地元にとって欠かせないスポーツ・ツーリズム商品に育ってきた．また，住民によるスポーツボランティアの参画など社会的な活性化効果も生まれつつある．もし，学生たちの企画発表にあった空き家の活用が具体化，実現化していくことがあるならば，地域のインフラの活性化にも波及していくだろう．このように，イベント型のスポーツ・ツーリズム1つを例にあげただけでも，多様な分野での活性化を期待できる点がスポーツ・ツーリズムの魅力だといえる．

　今後は，このスポーツ・ツーリズムの可能性を最大限に活かしていくために

単発のイベントによる限られた活性化効果に満足するのではなく，イベントをきっかけに生まれた接点を継続し，拡大させていく第2，第3の仕掛けが必要になってくる．この仕掛けを考え，実践していく組織として，国は「スポーツコミッション」の充実・拡大を政策目標[10]に掲げている．スポーツ・ツーリズムを活用して，地域の経済的・社会的効果を高めていくためには，総合的（＝官と民が一体となって），戦略的（＝成果と優先順位を明確にして）な取り組みが期待できるスポーツコミッションの充実が欠かせないだろう．

◢ おわりに ◢

　「はじめに」でお伝えした私の危機感，「国全体でお金が足りない，そんな状況においてスポーツにお金を使ってくれるのだろうか」について，みなさんはどう考えるだろうか．「スポーツは素晴らしい．だから国はスポーツにお金を使うべきだ」，そのような社会的コンセンサスが得られるならば，それはスポーツにたずさわる人にとって理想的な話だろう．ただ現実はというと，そううまくはいかない．スポーツよりも生きるために必要なこと，衣・食・住にかかわる予算が優先されることは間違いないし，それが健全だとも思う．

　そこで，私は，第15回目の最後の授業で次のような話をする．「これまでスポーツは社会から支援を受ける側だったかもしれませんが，これからのスポーツは社会を支援する側になることを目指しませんか」と．地域のスポーツクラブ，プロスポーツチーム，スポーツイベントなどが，"まち"の抱える課題を解決していく存在になっていくならば，社会においてスポーツは今以上に大切な存在として位置づけられるようになるのではないだろうか．私の「地域スポーツ論」や「専門ゼミ」の授業では，スポーツの力を信じて，スポーツが社会にできることは何かを考え，実行できる力を養っていきたいと思っている．

謝辞

　3節の「Sport Policy for Japan」大会参加のようすを誌上再現する！では，2017年に当大会で発表した学生の企画スライドを実際にもちいて，当時の発表を録音した音源をもとに，筆者が加筆・修正をした．内容に関する責任は筆者に帰するが，学生たちが頑張っ

た発表[11]がなければ，当節のアイデアは浮かばなかった．この場を借りて，白浜発表チームのみなさんに記して感謝をしたい．　また，スライド等の修正作業は金沢星稜大学人間科学部助手の山木智恵子さん，大阪経済大学大学院人間科学研究科の藤原真由美さんに協力をいただいた．合わせて感謝を申し上げる．

注

1 ）興味深い取り組みの１つに「ワーケーション」がある．　ワーケーションとは，休暇（バケーション）の環境を楽しみつつ，仕事（ワーク）をする新しい働き方の提案だ．東京で働く人が，一定期間白浜に住み，白浜のサテライトオフィスで仕事をするという社会実験も行われていた．

2 ）因子分析とは，それぞれの質問項目の背後で関連しあっている潜在的な要因をみつける手法である．今回の分析では，大会のサービスに関する18の質問項目が４つの潜在的な要因（＝因子）で説明できることを示した．因子分析を理解したい初学者の人には，松尾太加志・中村知靖［2002］『誰も教えてくれなかった因子分析——数式が絶対に出てこない因子分析入門——』北大路書房，をお薦めしたい．

3 ）因子分析や重回帰分析といった多変量解析の具体的な分析手順を学びたい人は，小塩真司［2012］『研究事例で学ぶSPSSとAmosによる心理・調査データ解析［第２版］』東京図書，を参考に，実際に調査分析にチャレンジすることをお薦めする．

4 ）2019年８月19日（月），白浜町役場にて，大会事務局スタッフ２名と南紀白浜観光局スタッフ１名を対象に“大会のつくり方”に関するヒアリング調査を行った．主な質問項目は，①運営業務，ボランティア業務の内容，②業務上の課題と工夫，③取り組みの変化（意識，組織，具体的な業務内容など），④大会開催の効果などである．

5 ）JTUエイジグループランキング対象大会，2021ワールドマスターズ関西トライアスロン競技出場資格ポイント対象大会となっており，和歌山県トライアスロン国体予選も兼ねている．

6 ）中村は，「なぜ「ツール・ド・おきなわ」の参加者は増加したのか：マーケティング戦略にみる供給サイドの資源依存関係マネジメント」において，DMが大会参加時の達成感を思い起こさせ，再参加を促す契機になっていることを指摘した［中村・岡本・江頭ほか 2010］．

7 ）課題解決型学習（Project Based Learning）の略．自ら問題を発見し解決する能力を養うことを目指す学習法をいう．

8 ）原田［2018c：115-119］が該当する部分．

9）「売り手」「買い手」「世間」（＝社会貢献）の3者すべてを満足させることが良い商売であるという近江商人の心得のことをいう．

10）第2期スポーツ基本計画では，地域スポーツコミッションを2021年度末までに170団体設置することを目標に掲げている．

11）「Sport Policy for Japan 2017」の発表資料は，次のアドレス先でみることができる．
http://www.ssf.or.jp/spfj/2017/tabid/1437/Default.aspx

参考文献

木田悟［2013］「地域社会を活かす スポーツによる社会的効果とは」，木田悟ほか編『スポーツで地域を拓く』東京大学出版会．

小塩真司［2004］『SPSSとAmosによる心理・調査データ解析 因子分析・共分散構造分析まで』東京図書．

―――――［2012］『研究事例で学ぶSPSSとAmosによる心理・調査データ解析［第2版］』東京図書．

高橋豪仁・鈴木渉・仲澤眞［2011］「スペクテータースポーツのプロダクトと観戦者の満足に関する事例報告――大阪エヴェッサのホームゲーム観戦者の調査から――」『スポーツ産業学研究』21（2）．

中村英仁・岡本純也・江頭満正ほか［2010］「なぜ「ツール・ド・おきなわ」の参加者は増加したのか――マーケティング戦略にみる供給サイドの資源依存関係マネジメント――」『スポーツ産業学研究』20（2）．

西村貴之・田島良輝・佐々木達也ほか［2019］「スポーツマネジメント教育のより良い実習課題づくりに向けたルーブリックの活用」『スポーツ産業学研究』29（3）．

原田宗彦［2018a］「スポーツマーケティングとは」，原田宗彦・藤本淳也・松岡宏高編『スポーツマーケティング 改訂版』大修館書店．

―――――［2018b］「スポーツプロダクトとは」，原田宗彦・藤本淳也・松岡宏高編『スポーツマーケティング 改訂版』大修館書店．

―――――［2018c］「消費者としてのスポーツ参加者」，原田宗彦・藤本淳也・松岡宏高編『スポーツマーケティング 改訂版』大修館書店．

浜田雄介［2019］「スポーツの楽しさについて――日常と非日常を分かち，つなぐスポーツ――」，田島良輝・神野賢治編『スポーツの「あたりまえ」を疑え！――スポーツへの多面的アプローチ――』晃洋書房．

広瀬一郎［2005］『スポーツ・マネジメント入門』東洋経済新報社．

藤本淳也 ［2018］「マーケティングミックス」，原田宗彦・藤本淳也・松岡宏高編『スポーツマーケティング 改訂版』大修館書店.

松尾太加志・中村知靖 ［2002］『誰も教えてくれなかった因子分析——数式が絶対に出てこない因子分析入門——』北大路書房.

松橋崇史 ［2019］「スポーツまちづくりの枠組み」，松橋崇史・高岡敦史編『スポーツまちづくりの教科書』青弓社.

山口志郎・押見大地・福原崇之 ［2018］「スポーツイベントが開催地域にもたらす効果——先行研究の検討——」『体育学研究』63（1）.

ウェブ資料

国土交通省 ［2011］「第Ⅰ章 長期展望の前提となる大きな潮流」『「国土の長期展望」中間とりまとめ』（https://www.mlit.go.jp/common/000135853.pdf, 2019年12月10日閲覧）.

財務省 ［2019a］「第1部 我が国財政について Ⅰ.我が国財政の現状（PDF）」『日本の財政関係資料図説』（https://www.mof.go.jp/budget/fiscal_condition/related_data/201910_00.pdf, 2019年12月10日閲覧）.

——— ［2019b］「9. 借金の国際比較」『財政学習教材 日本の財政を考えよう』

（https://www.mof.go.jp/budget/fiscal_condition/related_data/zaisei201804.pdf, 2020年7月14日閲覧）.

スポーツ・ツーリズム推進連絡会議 ［2011］『スポーツ・ツーリズム推進基本方針 ～スポーツで旅を楽しむ国ニッポン～』（https://www.mlit.go.jp/common/000160526.pdf, 2019年12月10日閲覧）.

4 *regional sports*
地域スポーツクラブのマネジメント

　地域スポーツクラブが「スポーツを通じて人と地域を幸せにする」ためには
どのようなマネジメントが必要とされるのか．この問いに答えることが本章の
命題である．

▶ はじめに

　2000年に文部科学省が示した「スポーツ振興基本計画」では，①国民の誰
もがそれぞれの体力や年齢，技術，興味・目的に応じて，いつでも，どこでも，
いつまでもスポーツに親しむことができる生涯スポーツ社会の実現，②成人
の週１回以上のスポーツ実施率50パーセント（２人に１人）の達成，という２点
が政策目標として掲げられた．その達成にむけ，地域で日常的にスポーツを行
う場として，総合型地域スポーツクラブ（以下，「総合型クラブ」と表記する）の創
設及び育成が全国展開されてきた．文部科学省［online］の「総合型地域スポー
ツクラブ育成マニュアル」では，総合型クラブは「人々が，身近な地域でスポー
ツに親しむことのできる新しいタイプのスポーツクラブで，(1) 子どもから高
齢者まで（多世代），(2) 様々なスポーツを愛好する人々が（多種目），(3) 初心
者からトップレベルまでそれぞれの志向・レベルに合わせて参加できる（多志
向），という特徴をもち，地域住民により自主的・主体的に運営されるスポー
ツクラブ」と説明されている．それからおよそ20年，総合型クラブ政策は大き
な広がりを見せ，2018年７月１日時点で日本国内の総合型クラブ数は3599クラ
ブとなっている［スポーツ庁 online］．

総合型クラブ政策の開始当初は「スポーツ活動を行う場づくり」がクラブ創設の主たる目的となっていたが，2012年に文部科学省が定めた「スポーツ基本計画」では，地域課題（学校・地域連携，健康増進，体力向上，子育て支援など）の解決への貢献も含めた，コミュニティの核としての役割が総合型クラブに求められるようになった．このことは，「スポーツ実施率の向上」や「スポーツ環境の整備」にとどまらず，「地域課題の解決」や「地域活性化」というまちづくりの推進を見据えたクラブ運営が求められていることを意味する．筆者は総合型クラブを「私たちが日々の生活を過ごしている愛すべき地域を，スポーツという手段を用いて，よりよく，住みやすい，幸せな場所にしていくためのツール」と捉えている．このような視点に立つと，総合型クラブのマネジメントはスポーツ教室やイベントの開催によって会員数を増やし，スポーツ実施率の向上や運営財源の獲得を達成することにとどまらず，スポーツ事業の実施を通じて地域の多様な人材，組織，団体と協働しながら，よりよいまちづくりの推進に貢献することまでをその範囲として理解しておく必要があるといえよう．

　本章では，このような前提に立ち，地域スポーツクラブ，とりわけ，総合型地域スポーツクラブのマネジメントについて述べていく．その中では総合型クラブの具体的な取組み事例を交え，現場のリアリティや，その背後にあるマネジメントの実践をより深く理解できるように伝えていきたい．

1.　総合型地域スポーツクラブのマネジメントの前提条件

総合型地域スポーツクラブの多様性

　スポーツ庁［online］の調査結果をもとに全国3599クラブの運営規模をみていくと，会員数が100名以下のクラブもあれば，2000名を越えるクラブもある．年間の予算規模が100万円未満のクラブもあれば，1億円を上回るクラブもある．さらに，クラブが活動を行う地域の特性（例えば，都市か農村か，人口の増減傾向，少子化や高齢化の進行度合，スポーツ環境の充実度合など）を考慮すると，「総合型地域スポーツクラブ」という同一の呼称で一括りにされているが，その運営形態は千差万別である．ただし，運営規模や地域特性に関わらず，総合型クラブのマネジメントの原則となる考え方や理解しておくべき点について整理する

ことを本章では重視する.

本章での「マネジメント」の定義

「マネジメント」の辞書的意味合いは「管理,処理,経営」といった言葉で説明されている.本章では,「マネジメント」を「目的を実現するためのやりくり」と定義する.重要な点としては,「正しい目的を設定すること」がマネジメントの出発点であり,目的のないところにマネジメントは存在しないということである.また,正しい目的が設定されたとしても,それを実現するためのやりくり(アクション)がなければ,これもまた,マネジメントとはいえないのである.具体的なやりくりの対象となる,ヒト,モノ,カネ,情報,時間などのことを経営資源と呼ぶ.言い換えると,マネジメントとは「何らかの目的を実現するために,ヒト,モノ,カネ,情報,時間などの経営資源をやりくりすること」である.

目的と手段

「総合型地域スポーツクラブのマネジメント」と聞くと,「より多くの会員や参加者を集めること」,「魅力のあるスポーツ教室やイベントを開催すること」,「効果的な集客や広報手段を開発すること」,「高い収益をあげること」といった具体的なマネジメント業務やマネジメントの役割の一部をイメージする人もいるだろう.ここであげたものはいずれも「手段」であり,「目的」ではないことに注意しなくてはいけない.これらの手段はより上位に設定された目的を実現するために選択・採用されるのであり,どのような目的が設定されているのか,という点に注目することではじめて,総合型クラブのマネジメントの全体像を正しく理解することができるのである.

「スポーツのマネジメント」と「スポーツによるマネジメント」

もう1つ,総合型クラブのマネジメントを正しく理解するために押さえておきたいポイントとして,「スポーツマネジメント」の中には2つのスタンスが存在しているという点がある.それは,スポーツをめぐる「目的論」と「手段論」ともいえる.1つは,「スポーツのマネジメント」であり,スポーツそのものを主役(目的)とし,スポーツの本来的な目的や目標達成のためにマネジメントを用いるというスタンスである.例えば,チームの勝利を目的とし,それを

実現するためのゲーム戦術，選手起用法，トレーニングメニューの作成などを行うといった場合はこれにあたるだろう．一方で「スポーツによるマネジメント」は，「スポーツによるまちづくり」のように，スポーツを手段として活用し，地域の課題解決や地域の活性化といった目的の達成を目指すというスタンスとなる．「スポーツのマネジメント」と「スポーツによるマネジメント」の2つのスタンスは必ずしも明確に区分できるわけではなく，両者が混在して成立している場合もある［畑・小野里編 2017］．総合型クラブのマネジメントにおいても，「スポーツのマネジメント」と「スポーツによるマネジメント」の両者が存在する．

　例をあげると，総合型クラブのこどもスポーツ教室では，参加意欲を高めるためのメニューや指導方法の工夫，こども達の安全管理，多くの参加者を得るための広報，適切な参加費の設定，といった教室そのものについてのマネジメントが発生する．と同時に，こども達のスポーツ教室参加を通じて，「こどもの体力低下」という社会課題の解決，あるいはこども達の友達づくりの場の提供，青少年の健全育成への貢献といった地域への波及効果についてのマネジメントも存在する．重要なので繰り返すが，いずれの側面もどのように目的を設定するかによって，その実現に向けたマネジメントが発生するのであり，正しい目的の設定がマネジメントの出発点であるという原則を忘れてはいけない．

◤ *2.* ミッション，ビジョン，事業　◢

　総合型クラブも1つの組織である．組織において集まった人達が協力して何かの目的を実現するためには，共通の目標や向かうべき方向性が必要となる．それらはミッションやビジョンという言葉で説明される．総合型クラブのマネジメントでは「正しいミッション」にもとづいて，「明確なビジョン」を設定し，ビジョンの実現に向けて「適切な事業」を実施することが成果を生み出すことにつながるのである．

ミッション
ミッションとは組織の基本的な方針や使命のことをいう．理念という言葉で

表現されることもある．ミッションは簡潔明瞭でわかりやすく，具体的で覚えやすいものであることがのぞましい．そして，ミッションは形式的なものではなく，組織に正しい行動をもたらすものでなければならない［ドラッカー 2007］．

　実際の総合型クラブのミッションを例にあげると，「すべての人が，生涯，素晴らしい環境でスポーツを楽しめるようにする」（つくばFC），「スポーツの力で，『元気とうるおいのある生活』を創造する」（NPO法人かなざわ総合スポーツクラブ），「『スポーツで創る元気なまち』を合言葉に『いつでも，どこでも，だれでも』参加できるスポーツ環境を通じ，地域コミュニティの構築を図る」（NPO法人スポネット弘前），「スポーツと健康，心と心が通じ合う笑顔あふれるまちづくり」（NPO法人フォルダ）などがある．これらのミッションからは，総合型クラブが生涯スポーツ推進の環境整備，さらにはスポーツによるまちづくりや地域コミュニティの形成を使命とする組織であることがよみとれる．

ビジョン

　ビジョンとは将来どのような発展を遂げたいかや成長したいかなど，個人や組織が望ましいとする構想や未来図のことをいい，それらを文章など「目に見える形」にしたものである．ビジョンに達成期限（いつまでに実現したいか），定量的もしくは定性的に評価が可能な指標（どのレベルで実現したいか）を示すことでその達成はより現実味を帯びる．

　いくつかのクラブのビジョンを参照し，各クラブが描く未来図をみてみよう．NPO法人SCCは「① 三世代が通えて，生活を豊かにするクラブ（多世代），② 地域の人たちが，みんな知っていて，つないでいけるクラブ（公共性），③ 100年，200年続くために変化，挑戦できるクラブ（永続性）」という 3 つの観点からビジョンを示している．NPO法人スポネット弘前は「1. 子どもたちの健全な育成と個性を伸ばす活動を支援します，2. 地域のニーズに添ったスポーツプログラム，3. スポーツによる健康づくりを目指したスポーツプロダクトを提供します，4. 交流の促進の場を提供します，5. スポーツに関する地域の情報提供を積極的に行います，6. スポーツ活動の基盤活動拠点，7. スポネット弘前の組織体制の強化と人材育成を継続的に行います，8. スポーツボランティアの育成」と 8 項目をビジョンに盛り込んでいる．紹介した両クラブのビジョンを比較すると，「100年，200年続く」という言葉にみられるように，SCCのビジョンは長期的な展望を示したものである，一方スポネット弘前のビジョンでは具体的な事業運営

やそのために必要な組織体制整備の方針までを含めて示している．独創的な試みとしてつくばFCはクラブが目指す未来図をより多くの人にわかりやすく伝えるため，物語風のビジョンをホームページに掲載している．

（つくばFC　クラブビジョン）
とある日曜日…
朝９時から，子どもたちの練習が人工芝のグラウンドでスタート．熱意あるスタッフの充実の指導で２時間．
つくば大学の知識を生かした"やる気を引き出すコーチング"で子どもたちの目が輝いている．
なでしこリーグ所属の女子トップチームの選手たちが，小学生の女の子たちにコーチをしている姿もほほえましい．

子どもたちの練習を横目に，お父さんはフィットネスジムで，お母さんはヨガスタジオで汗を流している．
隣で開催しているハンドボール教室も，グラウンドゴルフ大会もつくばFCの活動の一環だ．

そして14時．スタンド付きのスタジアムへ．今日はつくばFCトップチームのJFL最終節．
来年Jリーグへ昇格できるかどうかの大一番だ．

昨年完成した15,000人収容のスタジアムが超満員．
昨日ゲストティーチャープロジェクトで訪問した小学校の子供たちの笑顔が見える．
フラッグパートナーの店員さんも，顔にクラブカラーのペイントをしてくれている．
選手が働くプレイヤーズパートナー店からは大勢の応援団，応援団長はつくばFC育成チームの卒業生だ．
つくばFCのサポーターはバラエティに富んでいる．

そして，試合はキックオフ．結果は…言うまでもない．満員のサポーターに後押しされて負けるわけがないのだ！
今夜もクラブハウスのレストランは超満員！　みんなで祝杯だ！

（出所）つくばFCホームページ．

このビジョンには，文章の中に様々な事業の展開やクラブに関わる人々のクラブライフが埋め込まれていて，つくばFCが描くクラブの未来図が鮮明に伝わってくる．ビジョンは総合型クラブの運営に携わるメンバーだけでなく，クラブの活動会員や地域の関係者に共感されることで，連携，協力，支援を生み出す機能もある．

事　　　業

　事業とは一定の目的で同種の行為を継続的にまたは繰り返して行う経済活動のことである．ミッションによって示されたクラブの基本的な方針，そしてビジョンに示されたクラブの目指す未来図や具体的な成果指標を実現するための手段として事業が行われる．

　総合型クラブの事業には，スポーツ教室の開催，健康講座の開催，スポーツサークルの運営支援，イベントの開催，指導者研修会の開催，指導者の派遣，スポーツ情報の発信，スポーツ施設の管理運営などがある．これらの事業を企画，運営するためにヒト，モノ，カネ，情報，時間などの資源のやりくりが必要となる．スポーツ教室の開催を例にあげると，新規教室の立ち上げ時には，指導者の発掘や採用（ヒト），活動施設の確保や使用する道具，物品の調達（モノ），必要経費の算出や徴収する会費や参加費の金額設定（カネ），地域内のニーズ把握，競合可能性のある他のスポーツ教室の有無，参加者募集案内（情報），活動時間帯の設定，教室の立ち上げ準備からスタートまでのスケジュール管理（時間）といった各種のやりくりが求められる．このような事業の運営に関する資源のやりくりを行うことが，総合型クラブにおける日常的なマネジメント業務となる．

ミッション，ビジョン，事業の関係性

　総合型クラブのマネジメントの全体像とミッション，ビジョン，事業の関係性を示したのが**図4-1**である．

　クラブが実施する各種事業の推進において必要な資源のやりくりを行うことが，総合型クラブの日常的なマネジメント業務となるが，それらの事業がクラブのミッションやビジョンにもとづいたものとなり得ているかどうか常に留意する必要がある．クラブが活動年数を重ねると，事業の定着と同時にマンネリ化が進む．そうなると，事業の実施という手段が目的化するケースが出てくる．

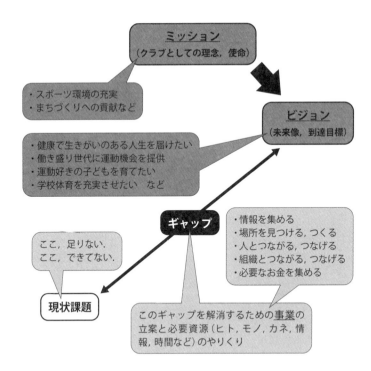

図4-1　総合型クラブのマネジメントにおけるミッション，ビジョン，事業

（出所）筆者作成.

　事業の実施がビジョンの実現に貢献するものとなっているか，クラブのミッションにもとづいたものとなっているか，常にその点検や評価を行い，事業の改善やメンテナンスをすることが必要である．原則としてミッションが変更されることはないが，時代の変化により，設定したビジョンが社会情勢や地域環境にそぐわなくなっている場合には，ビジョンの見直しや再設定が必要となる．ビジョンが再設定されれば，それに連動して事業内容も見直されることになる．

3. 運営組織と活動拠点

　人々が集まり，何かの目的をより効果的，効率的に達成するために形成されるのが組織である．前述（第1節の「総合型クラブの多様性」）のとおり，総合型クラブの運営規模や運営形態はクラブによって異なるため，そこで形成される運営組織もそれぞれである．ここでは，総合型クラブの運営組織について，2つのパターンを示す．合わせて，総合型クラブがどのような場所を拠点として活動しているかについてもみていくこととする．

総合型クラブの運営組織

　総合型クラブの事業推進を支え，その運営を担う人材は多岐にわたる．地域住民や会員にとっての窓口となり，日常的な教室，イベントなどの事業運営及び会員管理や会計処理などの管理業務を行う事務局員，事業計画や予算計画など経営方針策定や意思決定を行う理事・役員，そしてクラブ運営の現場と経営をつなぎ，日常的なクラブマネジメント業務の中核を担うクラブマネジャーや事務局長などである．一般的な企業組織との大きな違いとして，クラブ運営に関わる人々の全てが有給の職員というわけではなく，理事・役員が無報酬であったり，クラブマネジャーや事務局員の勤務形態もクラブによって常勤，非常勤，パートタイムの場合があり，雇用形態も有給，無給と様々である．多様な立場から関わる人材を適切に配置し，育成することで機能する運営組織を構築していくことがクラブにとって極めて重要な課題である．

　総合型クラブに限らず組織の成立条件として，「共通目的（組織目的）・協働意思（貢献意欲）・コミュニケーション」の3要素があるといわれている［バーナード 1968］．総合型クラブの運営には多様な人々が関わるため，これらの人々が，総合型クラブのミッションやビジョンの達成という共通目的を理解し，現場（事務局）と経営（理事会／役員会）との間や，指導者，インストラクター，会員，地域住民，地域関係団体との協働のため，十分な意思疎通やコミュニケーションを図ることが求められる．そして，それを可能にする運営組織を構築することが必要となる．

　図4-2は「職能別組織」で運営される総合型クラブの組織図を例示したもの

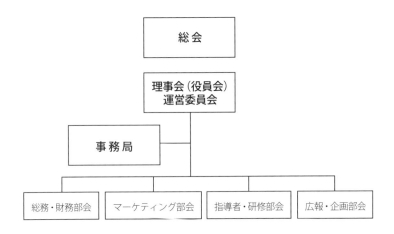

図4-2 職能別組織で運営される総合型クラブの組織図の一例

（出所）日本体育協会［2018：17］をもとに筆者作成.

である. 職能別組織とは, クラブマネジメントに必要となる機能や役割を部会という形に切り分けて, 業務を推進していく運営組織となる.

　図4-2では, クラブの最高意思決定機関である「総会」で承認された事業計画, 予算計画, 組織体制にもとづいて, 「理事会（役員会）」あるいは「運営委員会」が各事業の執行の責任を負う. 理事会（役員会）ないしは運営委員会での合意を得て, 事業の執行にかかる職能を各部会（ここでは「総務・財務部会」, 「マーケティング部会」, 「指導者・研修部会」, 「広報・企画部会」としているが部会の名称や部会数などはクラブによって異なる）が分担する. 部会間の情報共有や諸調整, 各部会で出された意見やアイディアにもとづく具体的な実務や作業を「事務局」が行う. 職能別組織で運営される総合型クラブは, どちらかといえばボランタリーなメンバーがクラブ経営の中核に関わっているケースが多い傾向がある. 理事（役員）及び部会構成員がボランティアであり, 事務局員のみが有償雇用あるいは事務局員も無償という場合が想定される.

　図4-3は事業別組織で運営される総合型クラブの組織図を例示したものである. 事業別組織とは, 図4-3にあるように, クラブマネジメントに必要となる機能や役割を, 手がける事業別に分けて, その業務を推進していく運営体制となる.

　「総会」での意思決定にもとづき, 理事会（役員会）の執行責任のもと各事業

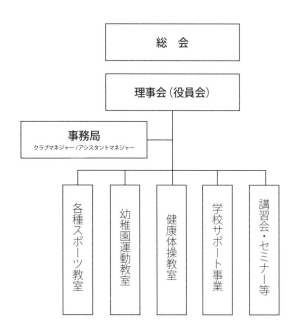

図4-3　事業別組織で運営される総合型クラブの組織図の一例

（出所）日本体育協会［2018：47］をもとに筆者作成.

が実施されることは職能別組織と同様である．ただし，各事業にかかる企画，広報，マーケティングなどの業務を各事業がそれぞれ独立して行うため，部会間調整や意思決定にかかる時間を短縮することができ，スピード感をもった業務遂行を行うことができる．ただし，事業間での一体感が薄れ，クラブ全体の目標よりも事業ごとの目標達成が優先されかねないリスクもある．そのバランスを調整し，クラブ運営の現場全体を調整するのが事務局であり，クラブマネジャーやそれを補佐するアシスタントマネジャーの業務となる．事業別組織で運営される総合型クラブは，どちらかといえば，有償の職員が一定数雇用されており，業務の推進に加えクラブ経営にも大きく関与しているケースが多くみられる．そのため，職能別組織で運営される総合型クラブよりも事業別組織で運営される総合型クラブの方が，各種の責任や権限が現場に移譲されており，事務局主導でのクラブ運営がなされる傾向が強い．

　クラブの運営組織は固定的ではなく，設立当初は職能別組織で運営されてい

たが，クラブの事業規模の拡大に伴って，常勤職員の雇用や有償職員の増員により，事業別組織での運営に移行するとともに，部会主導から事務局主導のクラブ運営へと切り替えを行うクラブもある．この切り替えについては極めて慎重に進めなければならない．ボランティアメンバー中心でクラブ運営が進められてきた中に，常勤クラブマネジャーが採用されたり，有償雇用の事務局員が増員されることで，「ボランティアの負担軽減」という観点から，これまでボランティアが担っていた役割がクラブマネジャーや事務局員の業務に置き換えられていくケースが少なくない．ここに総合型クラブやNPO運営の大きなジレンマがある．総合型クラブのボランティアが自らの時間や労力をクラブに提供するのは，「クラブのミッションやビジョンへの共感」，「クラブ発展への貢献」，「クラブの必要性への理解」とともに，「自らのアイディアを実現できるやりがい」，「誰かに必要とされる喜び」といった自己充足欲求がモチベーションにもなっている．そのため，ボランティアの役割をクラブマネジャーや事務局員だけで全てやってしまうことは，ボランティアメンバーのクラブへの参加意欲や参加意義をも奪いかねないのである．クラブマネジャーの役割はクラブ運営に関わる業務を全て自分でやることではなく，事務局員はもちろん，ボランティアメンバーにも適切な「出番」と「役割」を付与し，その自己充足欲求を満たしうる仕組みを構築することで，意欲を持った地域住民を増やし，育てていくことでもある．

　「どのような運営組織を構築するか」は，効率よく機能し目的を達成するためのチームづくりであると同時に，総合型クラブが組織としてありたい姿についての意思を表明するためのものでもある．

総合型クラブの活動拠点

　総合型クラブが活動を行う拠点としては，スポーツ活動を行う体育館や運動場などのスポーツ活動施設と，クラブの事務局機能，会員，スタッフ，地域住民の交流や憩いの場となるサロン機能を有したクラブハウスがあげられる．

　スポーツ活動施設については，自前の施設を保有する総合型クラブは少なく，多くのクラブは地方自治体などが設置している公共スポーツ施設や学校体育施設を利用している．ただ，これらの施設については，総合型クラブのみならず，地域で活動する他のスポーツ団体も利用するため，必ずしもクラブが優先利用できるとは限らない．施設や時間帯によってはすでに既存の利用団体で飽和状

態の場合もあり，活動施設の確保を課題にあげるクラブも少なくない．一方で体育館や運動場といった施設に固執せず，屋外・アウトドア，文化施設内の空き室，健康増進施設，福祉施設，廃校施設の後利用，ショッピングセンターの空きテナントなど，地域内の様々な場を活動拠点として発掘，活用しているクラブもある．

　クラブハウスについては，最低限の設備として，事務局スタッフが作業を行う事務室，交流の場となるサロン（談話室）を備えておきたい．会議室や研修室などがあれば，クラブ運営に関わる各種の会議や打合せを行うことができ，人が集う仕組みをつくりやすい．クラブハウス（事務局）の設置は，個人宅の中にある場合や，公共スポーツ施設内の一角や事務所内に置かれている場合などがある．自前のクラブハウスを保有する総合型クラブは少ない．総合型クラブの本場といわれるドイツのクラブハウスには，レストランやバーなども設置されており，スポーツ活動後にはシャワーで汗を流し，食事やお酒を楽しみながら交流する社交場となっている．このような社交の場面で，地域やクラブの話題が語られることで，クラブの会員やスタッフ及び地域住民間での情報交換が生まれ，クラブの新たな活動につながるアイディアとなっていく．

◢ *4.* 総合型クラブの特徴あるプロダクトづくり ◢

　プロダクトとは商品やサービスのことをいう．多くの総合型クラブは定期活動としての運動・スポーツ教室や，不定期でのスポーツイベントを企画，開発し，基本的なプロダクトとして提供している．ここでは「総合型クラブならでは」の特徴的な3つの事例をケーススタディとして取り上げ，地域を巻き込んだ総合型クラブのプロダクトづくりのプロセスをみていきたい．

スポーツ・健康教室
●ケーススタディ①
バドミントン教室（NPO法人クラブぽっと：石川県金沢市）
　NPO法人クラブぽっとでは**表4-1**のとおり3つのバドミントン教室が開催されている．

表4-1　NPO法人クラブぽっとのバトミントン教室

教室名	活動日時	場所	対象	月会費	指導者
初心者クラス	毎週火・金曜 19:30〜20:30	杜の里小学校 体育館	小学1〜6年生	週1回：2,000円 週2回：3,000円	金沢ジュニアバド ミントンクラブ 監督及びコーチ
初級者クラス	毎週火・金曜 19:30〜21:00	杜の里小学校 体育館	小学1〜6年生	週1回：2,000円 週2回：3,000円	金沢ジュニアバド ミントンクラブ 監督及びコーチ
中級者クラス	毎週火・金曜 19:00〜21:00	杜の里小学校 体育館	小学1〜6年生	1,000円	金沢ジュニアバド ミントンクラブ 監督及びコーチ

（出所）クラブぽっとHPより筆者作成.

　ここで注目したいのは，バドミントン教室というプロダクトづくりのプロセスにおける，地域内のニーズ把握と関係団体との連携・協働である．

　NPO法人クラブぽっとの活動エリア内には，「金沢ジュニアバドミントンクラブ（以下，金沢JBCと示す）」があり，同じ「杜の里小学校体育館」を利用していた．金沢JBCは1983年から活動を開始し，オリンピック出場経験者や実業団で活躍する卒業生を輩出する強豪クラブだが，近年は新規入会者の減少によるメンバー不足という問題を抱えていた．杜の里小学校に通う小学生の保護者でもある金沢JBCの指導者がNPO法人クラブぽっとの存在を認知していた．金沢JBCからNPO法人クラブぽっとに対して，メンバー不足解消に向けて何かしらの手立てがないかという相談が持ち込まれたことが教室スタートのきっかけとなった．

　地域内にバドミントン競技の機会を提供する場（金沢JBC）はあるものの「選手の技術・体力の向上を目指す」ことを主目的とした金沢JBCの既存活動では，地域内の「気軽にバドミントンを楽しみたい」というニーズを満たすことができず，結果，金沢JBCも新規入会者を獲得することができないというジレンマが生じていた．この状況を改善するべく，クラブぽっとと金沢JBCとが連携し，新たに初心者や初級者を対象としたバドミントン教室を開設するアイディアが生まれた．このようなプロセスを経て立ち上げられたのが，**表4-1**に示した「初心者クラス」，「初級者クラス」，「中級者クラス」の３つのクラスである．３つ

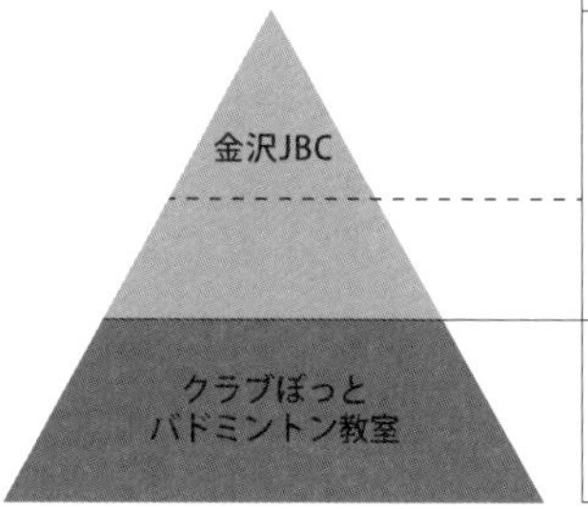

運営主体	指導者	参加者	活動目的
金沢JBC	金沢JBC 監督, コーチ	・金沢JBC会員 ◇チーム （ダイヤ）	バドミントンを競技スポーツとして意識し, 個々が競技者としての意識を高める. さらなる競技力向上を目指し, レベルに合わせた練習を行い, より一層の強化を図る.
	金沢JBC 監督, コーチ	・金沢JBC会員 ☆1チーム ☆2チーム	バドミントンが楽しいスポーツから競技スポーツへと意識が変化する. 基礎的な動作や技術を習得する.
クラブ ぽっと	金沢JBC 監督, コーチ	・クラブぽっと会員 中級者クラス 初級者クラス 初心者クラス	バドミントンに親しみ, バドミントンが楽しいスポーツであることを感じる. 基礎的な動作や技術を習得する.

図4-4　金沢ジュニアバドミントンクラブとクラブぽっとの役割分担

（注）金沢JBCの☆2チームは平日はクラブぽっと中級者クラスとして活動している.
（出所）金沢ジュニアバドミントンクラブHPをもとに筆者作成.

のクラスを新設するにあたり，活動場所及び活動時間を既存の金沢JBCの活動内に設定し，指導者は金沢JBCの監督及びコーチが担うことで，追加の資源調達コストを最小限に抑える形でスタートできた．また，新規教室の会員募集のための広報活動，問合せ対応，入会受付，会員登録，会費徴収などの管理業務はクラブぽっとが担うことになった．**図4-4**は金沢JBCとクラブぽっととの役割分担を示している.

　クラブぽっとと金沢JBCとの連携・協働により新設された各教室には，定員を越える希望者が集まり，キャンセル待ちが発生するほどであった．また，当初は楽しむことを重視してバドミントン教室に参加していた会員が，一定期間教室に通い続けるうちに，競技性を求めて，金沢JBCに加入登録するという流れも出てきた．クラブぽっとにとってはバドミントン教室開催による会員数の増大，会費収入増加，提供プログラムの拡充を達成することができた．また，金沢JBCとしては，懸案であった新規メンバーの獲得や活動周知という成果を得ることができた.

　この事例から学ぶべきポイントは2点ある．1つは地域住民に対して提供すべきプロダクトは「競技としてのバドミントン」ではなく，「気軽にバドミントンを楽しむことができる場」であるという「真のニーズ」を把握したことである．2つにはその場の提供を総合型クラブが単独で行うのではなく，新規メンバーの獲得という課題をもつ金沢JBCとの協働により行ったことである．これにより，金沢JBCが保有する指導者，使用会場，活動実績やノウハウといっ

た資源と，クラブぽっとが持つ地域内での情報発信力や地域住民のニーズを把握するネットワークが相乗効果を発揮した．

　既存スポーツ団体（スポーツ少年団，サークル，体育協会など）との良好な関係づくりを課題とする総合型クラブは全国に少なくない．もしかするとそこでは，「同一競技種目の実施」イコール「参加者の奪い合い」という短絡的発想に陥ることで，競合関係を生んでいるのかもしれない．今回の事例のように「レベル別，目的別の活動の場の提供」という視点に立てば，協働（一緒に働く）関係，共創（一緒に創る）関係により双方がメリットを享受し合えるのではないだろうか．そのためには自団体のメリットや既得権益に固執するのではなく，地域住民のニーズを満たすためには何が必要で，そのためには何ができるのかという，関係者間のフラットな対話からはじめるのがよいだろう．

●ケーススタディ②
「ちょいトレ」社内出張講座（NPO法人クラブパレット：石川県かほく市）

　働き盛り世代の多くが「仕事が忙しくて時間がない」ことを理由に，その必要性を感じつつも運動しないというケースは少なくない．NPO法人クラブパレット（以下，「クラブパレット」）が手がけた，「ちょいトレ」事業は企業，行政，大学，総合型クラブが協働でその解決をめざした取組みであった．

　取組みのスタートは地域の健康づくりに貢献したいと考えるクラブパレットスタッフと市健康福祉行政の担当職員との情報交換からであった．市健康福祉課ではメタボリックシンドローム該当者・予備群に働き盛り世代が多く，働き盛り世代の運動できない理由の上位に「仕事が忙しいこと」があがっていることを課題として捉えていた．

　これに対して，「いっそのこと勤務時間内の合間に運動してもらうのはどうか．社員の健康管理を重要視している企業は市内にもあるのではないだろうか？」というアイディアの種が生まれた．その後アイディアの具現化がクラブ内で進められ，15分間程度で ① 自体重による筋力トレーニング，② 足踏みによる有酸素運動，③ ストレッチ，の3要素を組合せた「ちょいトレ」体操のプログラムを開発し，市内企業での訪問指導を行い，その後の運動実施につなげるという事業計画がクラブから行政に対して提案された．提案内容は「かほく市健康づくり運動普及推進事業」として予算化され，かほく市健康福祉課からクラブパレットへの委託事業としてスタートした．

事業初年度（2010年度）は市内30カ所の事業所等にクラブの指導スタッフが訪問し，普及に向けた体験会を実施した．事業初年度中に生じたプロジェクトの設計課題として，運動の実施や継続の必要性を感じてはもらえるものの，体験会以降クラブからの介入がなければ，プログラムの継続にはつながりにくいという点があった．ちょいトレの模範動作をインストラクターが実演するDVDやパンフレットを作成，配付することで継続に対する意識づけを促したもののどこか限界を感じていた．

　事業2年目（2011年度）は「ちょいトレ」の継続実施による効果検証を行うため，モデル事業所を設定し，単発の体験会ではなく，週1回連続20週に渡って指導スタッフが訪問指導を行い，実施前と実施後の測定結果の比較分析を実施した．（株）富士通ITプロダクツ（以下，FJIT）をモデル事業所とし，クラブパレットから指導スタッフを派遣した．かほく市内にキャンパスがある石川県立看護大学（以下，看護大学）垣花研究室の教員と学生が実施効果の測定及び分析を行った．

　図4-5は「ちょいトレ」事業の関係者（各主体）とそれぞれが抱える課題やニーズを示したものである．

　社員の健康増進に関心があったFJITでは，社内健康講座として出張ヨガ教室などの実施をクラブパレットに対して依頼していた．その中で，社内健康管理室では「不健康社員・不摂生社員」の存在に頭を悩ませていた．健康診断の結果もほとんど見ないまま捨ててしまう，運動実施の推奨に対しても「仕事が忙しく時間がない」の一点張りでなかなか受けいれてもらえない．その中での今回の提案は，これまでと異なるアプローチの取り組みとして社内でも了承された．地域で活躍できる医療・福祉人材の育成に積極的である石川県立看護大学（垣花研究室）は学外での学生の実践的な学びに対して強い関心があった．このように企業（FJIT），行政（かほく市健康福祉課），大学（石川県立看護大学）という関係団体が保有するニーズを，これまで培ってきたネットワークによって把握した総合型クラブ（クラブパレット）がコーディネート機能を発揮し，事業2年目（2011年度）の取組みが設計された．事業2年目についても「かほく市健康づくり運動普及推進事業」として行政予算化され，クラブパレットがかほく市健康福祉課からの委託事業として実施した．

　ちょいトレ社内出張講座の実施前と実施後との測定結果の比較分析の結果，体脂肪率，体重，バランス力，ストレス軽減等の数値において参加者の半数以上に数値改善があり，事業継続の効果を確認することができた．ただし，この

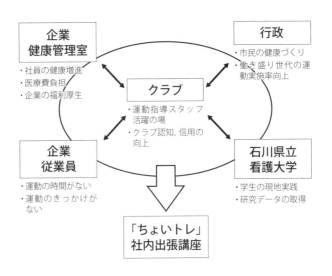

企業
健康管理室
・社員の健康増進
・医療費負担
・企業の福祉厚生

行政
・市民の健康づくり
・働き盛り世代の運
　動実施率向上

クラブ
・運動指導スタッフ
　活躍の場
・クラブ認知, 信用の
　向上

企業
従業員
・運動の時間がない
・運動のきっかけが
　ない

石川県立
看護大学
・学生の現地実践
・研究データの取得

「ちょいトレ」
社内出張講座

図4-5　「ちょいトレ」社内出張講座の関係団体とそのニーズ

（出所）筆者作成.

結果には週に1回のちょいトレ社内出張講座だけではなく，それ以外の場面での参加者の運動実施や食生活改善などの影響も含まれるため，ちょいトレのみによる効果とは言い切れない.しかしながら，測定に合わせて実施したアンケートの中で，「駐車場ではなるべく遠くに置くようになった」,「昼食後の間食を控えるようにしている」といった回答があった.また，FJIT社員の健康目標の中に「ちょいトレを毎日続ける」といったコメントがみられるなど，数値改善につながる意識変化を生んでいることがわかった.

事業3年目（2012年度）は，事業2年目の成果を受けて，ちょいトレ講座の継続実施についてFJIT社内にて福祉厚生費として社内予

写真4-1　ちょいトレ社内出張講座の様子

（出所）クラブパレット事務局提供.

算化され，パレットに対して運動指導員の派遣継続が依頼された．かほく市としてはこの取り組みを広く普及すべく，事業名称を「生活習慣病予防事業」と改め，市内の事業所（年間50カ所）で複数回ずつの介入を伴う出張講座の実施が予算化され，クラブパレットに対して事業が委託された．

　また，この事業がきっかけとなり，企業，行政，大学，総合型クラブが地域の課題について共有し，その後の展開を検討する研究会（「健康なまちづくり研究会」）の立ち上げにもつながった．さらに，より広く地域住民の健康づくりを支援するためのウォーキングコースの開発や開発コースを活用したイベントの実施などが展開されていった．

　社会全体の課題である健康づくりや疾病予防に対して，行政や企業が単独で取り組むのではなく，企業，行政，大学，総合型クラブ，NPOなどの連携・協働によってその解決を目指すしくみやモデルをこの事例から学ぶことができる．また，このような「健康づくり」をテーマとした協働によるプロダクトづくりは，地域社会の中で総合型クラブが存在価値を発揮するための重要な視点の1つとなるだろう．

イベント
●ケーススタディ③
夏休み宿題＆水泳教室（NPO法人クラブパレット：石川県かほく市）

　夫婦共働き世帯にとって，子ども達の夏休み（長期休暇）は悩みの種でもある．保護者が仕事の時間中，誰が子どもの面倒をみるかという問題が生じるからである．学童保育などの利用や，夫婦の両親（子どもからみた祖父母）に預けることで，やりくりしている家庭もある．しかしながら，預けられた子どもにとって，語弊を恐れずに言えば，夏休みが「多様な体験機会を得る時間」ではなく「親の帰宅を待つ消化時間」になってしまいかねない．

　クラブパレットが主催した「夏休み水泳＆学習教室」はこのような地域の子育て課題に対して，多様な関係者の協働によってその解決を試みたイベント（プロダクト）であった．

　この水泳教室は夏休み中の平日に小学校のプールを使用し，地元大学水泳部の学生が指導者となって開催された．活動プログラムとしては，はじめに地域の公民館に子ども達が集合し，夏休みの宿題を60分程度実施する．大学生達は宿題中には家庭教師役として子どもたちの学習面のサポートを行う（**写真4-2**）．

写真4-2　宿題中の様子

(出所) クラブパレット事務局提供.

写真4-3　水泳中の様子

(出所) クラブパレット事務局提供.

　宿題タイムが終了すると，併設する小学校のプールへ移動して，90分程度の水泳教室．ここでは大学生達がコーチ役となり，子ども達に水泳指導を行う（**写真4-3**）．朝の8時半から受付を始めて，9時から宿題，途中休憩や着替え等の時間を入れながら12時に解散するというスケジュールを4日間連続で実施した．

　図4-6は夏休み学習＆水泳教室の関係者とそれぞれが抱える課題やニーズを示したものである．

　「夏休み水泳＆宿題教室」開催のアイディアはクラブパレット事務局のパート職員の「私の出勤中，自宅にいる子どもがひとりでゲームばかりしているので，クラブ（職場）に連れてきて，宿題をして待たせていてもいいですか」という申し出がきっかけとなった．さらに「市内の○○スイミングクラブの夏季短期講習に行かせようと思ったけど，定員いっぱいで断られて・・・」という話を聞いたクラブマネジャーは，「同様の課題を抱えている家庭は地域内に多いのではないか」と着想する．「夏休み中の小学生の預かり」，「夏休みの宿題」，「スイミングの短期講習」という3つのキーワードから，「夏休み水泳＆宿題教室」という具体的な企画案が生まれたのである．

　企画案を具現化するためには，資源の調達が必要となる．しかしながら，クラブ内には水泳を指導できるスタッフ（ヒト）はおらず，プール（モノ）もない．だが，地域内に視野を広げてみると，資源の調達可能性は格段に大きくなる．

　まず，指導スタッフ（ヒト）の問題に関して，クラブマネジャーの出身大学の後輩のつてをたどって，現役水泳部の部長とコンタクトをとる．企画趣旨を

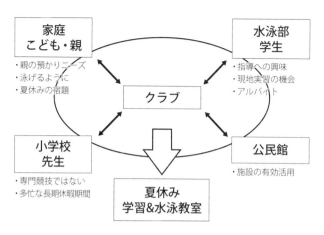

図4-6　水泳教室の関係団体とそのニーズ

（出所）筆者作成.

説明し，協力依頼をしたところ，①将来指導者や教員を目指している学生に
とってよい実践機会となること，②好きな水泳がアルバイトになること，と
いう学生側のニーズにも合致していることがわかった．次に使用施設（モノ）
である．地元小学校のPTA会長をつとめるクラブ理事を通じ，学校長へ企画
趣旨を説明しプールの使用許可を願い出た．イベント開催予定期間中は，小学
校としての学校プール開放を午後の時間帯に実施しており，その時間帯に影響
がなければ，使用しても問題がないとの許可を得た．また，小学校でも専門的
な水泳指導ができる先生が少なく，地域のクラブによって子ども達にこうした
機会が提供されることは前向きに評価された．学習スペース（モノ）については，
クラブ内の教室指導者から，小学校のプールに隣接する公民館の和室が使用で
きるのではないかという情報が提供された．公民館に確認したところ，使用の
許可を得ることができた．最後にイベント実行予算（カネ）である．まず支出
については，学生指導者には１時間1000円の謝金額を設定し，１日４名×３時
間×４日間＝48000円の支出を計上することとした．使用する施設の使用料に
ついては，関係機関との協議の結果，免除の措置がとられた．宿題以外の教材
準備や，水泳講習の修了証作成にかかる消耗品（モノ）の購入にかかる経費を
含めると，イベント実施にかかる事業費（詳細は第５節の「事業費と管理費」を参
照）として全体で５万円程度の支出を見積もった．次に収入である．予想参加

人数を20名程度で試算し，イベント参加者からは4日間で3000円（クラブ会員），4000円（非会員）という参加費を設定した．会員・非会員の間で参加費設定を変えることで，会員メリットを示すことに加え，年会費を払って会員になれば，冬休みや春休みのイベントにも割安で参加できるという情報を発信することで，新規会員登録者の獲得につなげようというねらいがあった．

　以上のようなプロセスをへて，「夏休み宿題＆水泳教室」というプロダクトがつくられた．広報活動としては小学校でのチラシ配付をメインに行った．また，前述のパート職員には企画準備の進捗状況を逐一伝え，小学生の子どもがいる保護者や，同様の課題を抱えている知人・友人に口コミを広げてあった．この事前口コミ戦術も功を奏し，参加希望者は短期間のうちに定員の30名に達した．

　このイベントでは，**図4-6**に登場する各主体が抱える課題やニーズに対して，総合型クラブがコーディネート機能を発揮し，連携・協働によるプロダクトづくりが実現された．　それを可能にしたのは，関係組織間をつなぐベースとなった人的ネットワークと，関係者間の課題やニーズを共有するための対話やコミュニケーションであった．

ケーススタディから学ぶ連携・協働の体制づくり

　事例として取り上げたスポーツ教室やイベントは，クラブ単独ではなく，地域内の様々な団体との連携や協働によって企画及び運営されていた．**図4-7**はそのような連携・協働を生みだす思考プロセスを図示したものである．

　多くの総合型クラブが運営課題として，指導者不足，財源不足，施設不足などをあげている［スポーツ庁 online］．総合型クラブは豊富な内部資源を保有し，その効率的な運用によって成果をあげるのではなく，限られたクラブ内の資源だけでなく，地域内に潜在している課題やニーズ，バラバラの状態で眠っている多様な資源に対してよりオープンにアクセスし，クラブ会員やスタッフ以外の地域住民や地域内の各種組織をつなぎ合わせ，それぞれが活躍できるような「出番」と「役割」を付与したり，それぞれがメリットを享受できるような連携・協働の体制をつくるコーディネート型の運営スタイルを志向するべきである．

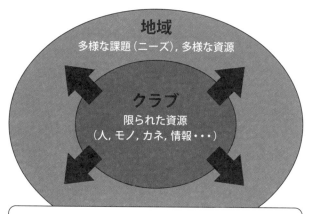

図4-7 連携・協働を生みだす思考プロセス

（出所）筆者作成.

5. 財務（総合型クラブのお金の動き）

　総合型クラブはどこからどのようにお金を得て（収入），どこに対してお金を支払って（支出）いるのか．その基本的な構造を理解することが本節の目的となる．スポーツ関係者やスポーツを学ぶ学生と話していると，「数字に弱いので……」，「お金の話はあまり得意じゃないんです……」といった声を耳にすることがある．しかしながら，総合型クラブの財務を理解するためには，専門的な会計などの知識が必ずしも求められるわけではない．それよりも，どのような項目で，誰（どこ）からクラブにお金が入るのか，また，どのような項目で，誰（どこ）に対してクラブからお金が出るのか，そして，クラブに入るお金と出るお金とではどちらがどれくらい多いのかというシンプルな考え方の枠組みを理解することが重要である．この考え方はクラブの年間予算規模が100万円

であっても，１億円であっても大きくは変わらない．発生する収入や支出の項目の種類や金額に違いはあるが，基本的な考え方の枠組みは同じである．

総合型クラブのお金の流れと考え方

　図4-8は総合型クラブの基本的なお金の流れと考え方を示したものである．
　総合型クラブがNPO法人（特定非営利活動法人）として活動していたり，ボランティアの理事（役員）やスタッフが経営や運営に関わっていることもあるのか，「総合型クラブは利益をあげてはいけない」とか「会費は安く設定し，お金はできるだけもらわない方がよい」といった誤った認識を持つ人もいる．しかし，総合型クラブを継続的，安定的に経営していくためには，正当な収入を得て，適正な支出をし，その上で利益をあげる必要がある．ただし，クラブの事業の目的はクラブが掲げる理念（例えば，スポーツによるまちづくり）を達成することであり，利益をあげることはその手段であって，利益の最大化が目的になってはいけない．また，得た利益はクラブの将来への再投資やクラブが実施する事業の充実や拡大に充てられるのであり，一部の関係者だけで独占してはいけない．そのため，特定非営利活動促進法（NPO法）では，利益の再配分が禁止さ

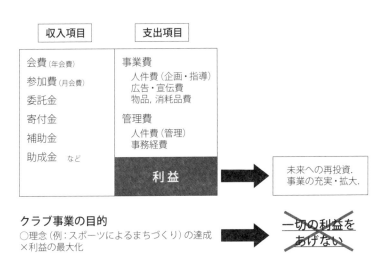

図4-8　総合型クラブの基本的なお金の流れと考え方

（出所）筆者作成．

れている．しかしながら，ここでも注意しなければいけない点がある．クラブのスタッフや指導者に支払われる賃金や謝金は，利益の再配分ではなくクラブ運営に必要な「経費」であり，図4-8で示す支出項目に含まれる．クラブが有給職員を雇用するということは，その職員の働きぶりに応じて昇給や賞与支給が生じうる．これは事業実施によって発生した利益の再配分ではなく，クラブ運営にかかる経費が増え，クラブ全体での支出額が増加したと捉えるべきものである．それに伴って収入総額よりも支出総額が増えるのであれば，他の支出項目を削減するか，追加収入を得られるように工夫するなどして，赤字にならないように収支バランスをとらなくてはいけない．

　クラブが実施する事業が地域の課題解決や地域の活性化に貢献できていたとしても，クラブ全体の支出総額が収入額を上回れば赤字となるし，赤字の状態が続けば倒産となり，クラブの活動が継続できなくなる．総合型クラブのマネジメントにおいては，「地域を幸せにしたい」というピュアな思いと「適切な財務収支バランス」，「黒字経営」といったシビアな計算の両輪をまわし続けるマネジメントが求められる．ここに総合型クラブのマネジメントの難しさと醍醐味がある．

総合型クラブの主な収入項目と支出項目

　総合型クラブの運営において発生する主な収入項目と支出項目について，ケーススタディでとりあげた3つの事例を参照しながらみていこう．

　ケーススタディ①のバドミントン教室では，収入項目としては各教室に設定された「月会費」がある．これは教室に参加するために会員からクラブに入るお金であり，「参加費」とも呼ばれる．これに対して支出項目としては，指導者に対して支払われる「謝金」や「人件費」，体育館の「施設使用料」，ネットやシャトルなどの「物品費」や「消耗品費」，会員募集チラシの作成・配付にかかる「広告費」や「印刷費」などが想定される．教室の月会費や参加費を設定する際には，運営に必要となる支出項目の合計額を計算し，そこにクラブ運営で必要となる利益を上乗せして設定するのが基本的な考え方である．

　ケーススタディ②の「ちょいトレ社内出張講座」では，収入項目として，事業開始1年目，2年目については行政（かほく市健康福祉課）からの「事業委託費」，事業3年目については行政（かほく市健康福祉課）からの「事業委託費」と，企業（FJIT）からの「指導者派遣料」がある．また，支出項目としては，運動

指導スタッフにかかる「人件費」，効果測定にかかる用紙や機材使用などの「消耗品費」や「物品費」，出張講座の実施事業所との事前連絡調整や委託事業実施報告書の作成などにかかる「諸経費」が発生する．委託事業の場合は，事業実施にかかる原価計算及び事業運営に必要な諸経費を合計した，「事業実施見積書」を作成し，行政や企業に事前に提出する．提出された見積書をもとに予算交渉が行われ，最終的な委託契約額が確定する．また事業終了後には，業務の遂行状況をまとめた事業実施報告書の提出をもって事業が完了し，委託事業の発注元である行政や企業の承認を得て，委託費用の支払いが行われるのが基本的な流れである．

　ケーススタディ③の「夏休み宿題＆水泳教室」では，支出項目として，学生指導者への「謝金」，教材準備や修了証作成にかかった「消耗品費」などが発生し，これら経費と参加人数見込みを合わせて検討し，収入項目としての「参加費」が設定される．

　ケーススタディ①，③のような自主事業において，「助成金収入」が発生する場合がある．「助成金」とは，読んで字のごとく「助けて成り立たせる」お金のことである．社会的，教育的に価値や意義のある事業でありながら，収益の確保が困難な事業に対して，公益法人や民間財団などから，事業実施にかかる経費の一部（場合によっては全部）が助成金として支給される．総合型クラブに対しての助成金としては独立行政法人日本スポーツ振興センターが運営する「スポーツ振興助成（toto助成）」が多数の助成実績をもつ．助成金を獲得するためには，助成団体が定める申請条件をクリアし，助成金申請書類の提出などの手続きを事業実施前に行い，事前審査をクリアする必要がある．また，各助成団体では助成金の使用対象としてよい「助成対象経費」と助成金を使用できない「助成対象外経費」が設定されている．そして，助成期間には期限が設けられており，長期継続的に支給されることは稀である．そのため，助成金を活用するクラブは，助成期間終了以降に，その事業をどう継続するかというプランを準備しておく必要がある．プランのないまま助成金を利用することは，「金の切れ目が縁の切れ目」となり，助成期間終了とともに事業もなくなりかねない危険性がある．

事業費と管理費

　ケーススタディ①〜③の中で発生した支出項目はいずれも，事業の実施に

必要な費用であり，これを「事業費」という．他方で，直接の事業実施上では発生しないが，クラブを管理するために発生し，間接的にクラブ運営を支えている費用もあり，これを「管理費」という．管理費に含まれるものとしては，クラブ事務局設置にかかる家賃（借料）や事務作業用のPC購入費（備品費），連絡用の電話，インターネット通信，郵送にかかる費用（通信費），会員管理や会計管理システムの導入や保守の費用，クラブの各事業を企画運営するクラブマネジャーや事務局員の給与や賞与および社会保険料といった人件費など，クラブの事業規模やマネジメントスタイルに合わせて各種の項目が発生する．

総合型クラブの全体収支（収支決算書）と個別事業収支の関係

総合型クラブの運営では1年間を事業年度の一区切りとしている．この期間中に発生した全ての収入金額を合算した合計額から，同じく全ての支出金額を合算した合計額を差し引いた数字がプラスになれば，それが利益額であり当該年度は黒字決算となる．収入合計額から支出合計額を差し引いた数字がマイナスになれば，それが損失額となり当該年度は赤字決算となる．このような事業年度期間中の収入合計額，支出合計額を項目別に整理しまとめた書面を収支決算書という．図4-9はクラブ全体の収支と，個別事業ごとの収支の関係を図示したものである．

上部にある「収支決算書」は総合型クラブにおいて，1年の事業期間中にクラブに入ってきたお金の総額（収入）と出ていったお金の総額（支出）を示している．収支決算書に示される金額は，各個別事業の実施によって発生した収入や支出と管理費のように個別事業に区分されない共有項目を全て合算したものである．

前述したケーススタディ①「バドミントン教室」はNPO法人クラブぽっとが自主事業の教室（運営は金沢ジュニアバドミントンクラブと連携して実施）として開催している．また，ケーススタディ③の「夏休み宿題＆水泳教室」についてはNPO法人クラブパレットが自主事業のイベントとして主催した．自主事業では事業運営に必要な経費を参加費や月会費といった自主財源で賄うことが原則となる．いずれのケースも図4-9の「A事業」で示す収支モデルになる．自主事業で発生した利益はクラブ全体の収支決算書における管理費（共通項目）の捻出に貢献することになる．逆に損失（赤字）を出している自主事業はクラブ全体の収支構造に対して負担をかけていることになる．

ただし，総合型クラブでは事業単独での利益を求めず実施される事業もある．クラブのミッションを達成する上で欠かすことのできない事業ではありながら，収益性の見込みにくいものや，災害等に対するチャリティー活動などがそれである．しかしながらクラブ全体収支が赤字になることは許されない．そのため，総合型クラブをマネジメントする上では，クラブのミッションやビジョンにもとづき，個別事業の意義や収支状況を適切に評価し，必要に応じて事業の取捨選択を行い，クラブ運営の持続可能性を担保しなければならない．

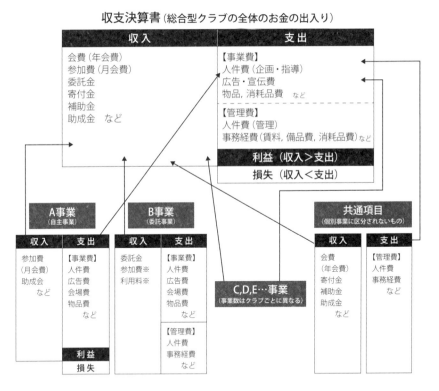

図4-9　総合型クラブの全体収支と個別事業の収支の関係

（出所）筆者作成.

ケーススタディ②「ちょいトレ社内出張講座」は委託事業となり，**図4-9**の「B事業」で示す収支モデルとなる．委託事業の実施においては，前述のとおり，事前の見積額の提示および予算交渉をへて委託契約額が決定される．委託事業完了後に委託費の精算処理が行われ，当初契約額よりも支出が少なく，委託金が余る場合は残った委託費を返納することになる．ただし，当初契約額よりも支出が増加した場合，特段の事情がない限り，委託金が増額されることはないため，委託事業予算の執行管理は慎重に行わなければならない．

　ここで注意すべき点は，委託事業を行う際に発生する「管理費」をどう捉えるかである．事業を企画，運営するためには，指導スタッフにかかる謝金や必要物品の購入などの事業費のみならず，事業の事前調整のための打合せ資料の作成や関係機関・団体との連絡調整を行う職員の人件費，それらに付随する印刷代や通信費などの管理費用が必ず発生する．これらの諸経費を正しく把握し，見積額の算出時に適切に計上し，委託契約を結ぶ相手方の理解を得ておく必要がある．管理費の計上をせずに扱う事業費だけをみて委託事業を引き受けるということは，クラブ職員のただ働きにつながりかねないという構造を理解しておく必要がある．

　また，委託事業や委託契約のタイプによっては，事業実施の中で教室への参加料や施設の利用料を徴収することもある．これらの収入を見越して当初の委託契約額が決定される場合もある．

　図4-9に示す，「C，D，E・・・事業」はクラブごとに実施する事業の数や事業の形態も様々であるため，事業数の分だけ個別事業収支が存在することを示している．ただし，事業の数が多くても少なくても各個別事業の収支金額がクラブ全体の収支決算書に反映されるという原則は共通である．

　図4-9の「共通項目」は個別事業には区分されないが，クラブ運営全体に対して発生する項目である．支出に関しては第5節の「事業費と管理費」の中ですでに述べてあるのでここでは割愛するが，収入に関して説明を加えたい．**図4-9**の共通項目にある収入のうち，「会費（年会費）」とは，総合型クラブで活動する会員が，どの教室に所属するかに関わらず，一律に支払うものである．クラブ全体の運営にかかる共通経費を賄うための"共益費"的に捉えることができるだろう．こども会員，一般会員のように会員の区分によって年会費額に差をつけているクラブもある．一方で，近年は年会費制度を廃止するクラブも出てきている．年会費があることが，年度途中からの入会や教室参加の障壁に

なりかねないことや，「いつ誰が来てもよい」というコンセプトを打ち出すことで，より多くの参加者数を獲得し，各事業における参加費収入を増やすことで，共通経費をまかなおうという経営戦略である．次に「寄付金」とは，総合型クラブの理念や趣旨に賛同した個人や企業などから得られる寄付金や協賛金のことである．「補助金」とは，主にクラブが拠点を置く地方自治体からの「クラブ全体の活動を補助するためのお金」をいう．補助金の有無や金額については，各総合型クラブと各自治体との関係の中で決定されるため，全ての総合型クラブが一律の金額を得ているわけではない．また，補助金支給期間に年限がある場合もあれば，減額はあるものの，補助金自体は長期間継続して支給されているケースもある．「助成金」について，個別事業に対する助成金については第5節の「総合型クラブの主な収入項目と支出項目」で述べたとおりであるが，toto助成金メニューである「総合型地域スポーツクラブマネジャー設置事業／設置支援事業」のように，人件費など管理費の一部を助成するものもある．

　一般的に，総合型クラブの収入項目において，会費（年会費），参加費（月会費），委託金，寄付金のことを「自主財源」と呼び，補助金や助成金を「補助財源」と呼ぶ．自主財源はクラブの自主的な努力によって獲得されるものであり，補助財源はクラブの活動を支援するために外部の団体から提供される資金である．収入総額に占める自主財源の割合を「自主財源率」といい，この割合が高いほど，自立したクラブ経営ができていると判断する1つの指標がある．逆に補助財源への依存度合が高くなるほど，補助金を提供する自治体や助成団体の意向によって収入額が大きく変動するかもしれないというリスクを抱え続けるため，クラブの経営は不安定となる．クラブ設立当初において，過剰な補助財源を得ることで自主財源の獲得意欲や受益者負担の機運醸成を妨げてしまうことも起こりうる．補助財源を獲得する際には将来的な影響についても十分に考慮する必要があり，補助財源終了後を見越した活用策を検討しなければならない．

◤ おわりに

　地域スポーツクラブが「スポーツを通じて人と地域を幸せにする」ためにはどのようなマネジメントが必要とされるのかという問いに答えることが本章の

命題であった.

　本章では,マネジメントを「何らかの目的を実現するために,ヒト,モノ,カネ,情報,時間などの経営資源をやりくりすること」と定義し,具体的な総合型クラブの取組み事例を参照し,現場のリアリティやそこでのマネジメント実践について述べてきた.ここまで読み進めてきた読者の方はすでにおわかりだろうが,「目的をどのように設定するか」,それがすべての出発点であり,そのクラブの組織や事業のあり方を決定づけるといっても過言ではない.

　総合型クラブは営利を目的とする商業スポーツクラブとは異なり,スポーツ活動をしたい人の「私的欲求」を満たすにとどまらず,地域のスポーツ環境全体の底上げや盛り上げに貢献すべきである.さらに言えば,スポーツ愛好者たちが,スポーツ活動を通して築いた人と人とのつながりや助け合いの関係,その中で知り得た地域が抱える課題や資源についての認識を課題解決や地域活性化へ向かうアクションに結びつけていくことが,総合型クラブに求められる役割の1つである.

　総合型クラブは「スポーツのクラブ」から「地域のクラブ」をめざすべきである.地域には文化,健康,医療,福祉,産業,農業,子育て,防災,環境,観光など様々な課題解決や地域活性化の糸口がある.これらの各テーマとスポーツ(sports:競技種目の集まり,ではなく,sport:「気晴らし」,「楽しみ」,「遊び」という本来の語源としてのスポーツ)をもっと自由に,新しい発想で結びつけることができれば,総合型クラブには地域の未来を拓く大きな可能性が秘められているといえよう.

　地域の未来を他人任せにするのではなく,「自分たちの地域を幸せなものとできるかどうかは,自分たち自身の問題である」と自分事で地域の未来を考えられる人を育んでいくことがまちづくりにおける最重要課題である.総合型クラブに関わることは,スポーツをきっかけに自地域を知り,その未来に向けた取組みに参加することの第一歩にもなりうるだろう.

　日本での「総合型地域スポーツクラブ」の取組みが開始して以来,およそ20年が経過している.クラブ創設から10年,15年という歳月を経て,その期間におけるクラブの発展に多大な功績を残してきたキーパーソンの世代継承やクラブの事業承継が総合型クラブのマネジメント課題の中心的なトピックとなっている.日々刻々と変化する地域社会や地域スポーツの情勢に対応するためには,総合型クラブのあり方やそのマネジメント自体にイノベーションが求められる.

それにはこれからの地域社会の担い手となる若者世代の総合型クラブの活動や
そのマネジメント現場への参加が欠かせない．1人でも多くの読者が総合型ク
ラブやそのマネジメントに関心をもち，「スポーツで人と地域を幸せにする人」
になるべく，自らのアクションを起こしてくれることに期待したい．

参考文献

黒須充・水上博司編［2014］『スポーツ・コモンズ——総合型地域スポーツクラブの近未
　　来像——』創文企画．

田尾雅夫・川野祐二編［2004］『ボランティア・NPOの組織論——非営利の経営を考える——』
　　学陽書房．

田島良輝・神野賢治編［2019］『スポーツの「あたりまえ」を疑え！——スポーツへの多
　　面的アプローチ——』晃洋書房．

ドラッカー，P.F.［2007］『ドラッカー名著集4　非営利組織の経営』（上田淳生訳），ダイ
　　ヤモンド社．

長沢朋哉［2013］『〈新版〉世界一シンプルな「戦略」の本』PHP研究所．

日本体育協会［2018］『公認アシスタントマネジャー養成テキスト』日本体育協会．

畑攻・小野里真弓編［2017］『基本・スポーツマネジメント』大修館書店．

バーナード，C.I.［1968］『新訳　経営者の役割』（山本安次郎・田杉競・飯野春樹訳），ダ
　　イヤモンド社．

ウェブ資料

スポーツ庁［online］「平成30年度総合型地域スポーツクラブ育成状況調査」（http://www.
　　mext.go.jp/sports/b_menu/sports/mcatetop05/list/detail/1412250.htm，2019年12月9
　　日閲覧）．

日本スポーツ振興センター「toto，スポーツ振興基金と助成事業」（https://www.jpnsport.
　　go.jp/sinko/home/tabid/36/Default.aspx，2019年12月9日閲覧）．

文部科学省［online］「総合型地域スポーツクラブ育成マニュアル」（https://www.mext.
　　go.jp/a_menu/sports/club/main3_a7.htm，2019年12月9日閲覧）．

————「第1期スポーツ基本計画」（http://www.mext.go.jp/a_menu/sports/plan，
　　2019年12月9日閲覧）．

ウェブサイト

NPO法人SCC（https://scc.10bai.com，2019年12月9日閲覧）．

NPO法人かなざわ総合スポーツクラブ（http://kanazawa-ssc.jp，2019年12月9日閲覧）．

NPO法人クラブぽっと（https://mori-spo.wixsite.com/clubpot，2019年12月9日閲覧）．

NPO法人スポネット弘前（https://sponet-h.com，2019年12月9日閲覧）．

NPO法人フォルダ（https://www.facebook.com/folder.kitakamicity，2019年12月9日閲覧）．

金沢ジュニアバドミントンクラブ（http://kanazawajbc.g1.xrea.com/index.html，2019年12月9日閲覧）．

つくばFC（https://www.tsukuba-fc.com，2019年12月9日閲覧）．

5 *regional sports* 地域スポーツ組織

1. スポーツ組織とスポーツ支援組織

組織とは何か．三省堂『大辞林』（第三版）によれば「特定の目的を達成するために，諸個人および諸集団に専門分化された役割を与え，その活動を統合・調整する仕組み．または，そうして構成された集団の全体」と説明されている．

では「スポーツ組織」とはなにか．武隈〔1995：65〕によれば，「スポーツに関わる特定の目的を達成するために，意図的に調整された諸活動に関する調整システムである」と定義している．

近年，スポーツの行為としてよく言われる「する」「みる」「ささえる」．概括的に言えば，こういった行為を目的として（ときには手段として）スポーツ組織が存在しているといえる．

また，組織の分類にはいくつかの視点がある．セクター論でいうと，第1のセクター（the first sector）は「行政組織」，第2のセクター（the second sector）は「企業組織」，第3のセクター（the third sector）は「市民組織」となる．

その他にも「営利組織」なのか「非営利組織」なのかといった分けかたや，「法人格の有無」なども含まれる．

本章ではそういった視点からスポーツ組織を分類し，その特徴について整理する．そして，そこから見えてくる課題について述べたい．

セクター論

行政セクターの特徴は，事業の前提が「公平平等原則」であり，目的が「公

益（NPO法では「不特定多数のものの利益」のことを，公益と定義している）」であること．

　公益法人（公益社団法人・公益財団法人など）は行政の許可制度によるので，行政に非常に近い存在になる．従来のスポーツ支援組織（各競技団体や体育協会組織，スポーツ振興財団など）はこの形態をとることが多い．

　団体によって違うが，強みとして「信頼性（お墨付き）」「行政ネットワークの活用」「安定財源（年度予算は概ね確保されている）」があり，弱みとして「職員が定期的に異動することにより専門的な事業やその継続の難しさ」「意思決定の根拠は法や条例などに従わなければならないため，結論が遅くなる傾向」がある．

　これに比較して，企業セクターの事業は「公平平等」ではない．また目的は便宜的な分け方として「私益（株主の利益：営利活動）」となる．

　法人格としては株式会社が代表である．

　地域スポーツには関連がなさそうだが，フィットネスクラブやプロチームなど，地域密着が求められる組織も近年では珍しくない．強みとしては「専門性」「意思決定の自由度」などがあるが，弱みとしては「市民感覚が欠如」する組織や，組織の評価が「利益優先」になりがちで，本来の目的を見失いがちになることもある．

　では市民セクターはというと，目的は「公益と共益（共益とは利益享受者が特定される同好会や同窓会など）」があるが，事業は企業セクター同様に「公平平等」ではない．

　具体的には例えば震災の際など，行政は公平平等に市民サービスを行うため，まず「調査」を行うが，市民団体はその専門性を生かし，見えないところで困っている人がいたとしても，まずは目の前の課題を解決していく，ということである．

　地域スポーツも同様に，例えば「地域の健康体力づくり」と目的を掲げていても，事業は会費を払っているクラブ会員にしか提供しない場合もあり，公平平等ではない．

　法人格としては特定非営利活動法人（NPO法人）などがあり，近年では総合型地域スポーツクラブがここに該当する（スポーツ少年団や同好会組織は共益団体に分類する）．

　組織の強みは「専門性」「意思決定」「市民感覚」などがあり（ないところもあるが），弱みとしては「組織力」「財源」「信用性（実績がない場合）」などがある．

表5-1　各セクターの特徴とスポーツ組織

セクター	行政セクター	企業セクター	市民セクター
行政 or 民間	行政	民間	民間
サービス	公平平等	不公平不平等	不公平不平等
営利 or 非営利	非営利	営利	非営利
目的	公益	私益	公益or共益
法人	公益社団・財団法人など	株式会社	NPO法人など
任意団体	自治会など	個人事業主など	任意団体
スポーツ組織	体育（スポーツ）協会 競技団体など	フィットネスクラブ プロスポーツチームなど	総合型地域スポーツ クラブなど
強み	行政ネットワーク 信用性・安定財源	専門性・投資財源 組織力・自由度	市民感覚・専門性 意思決定の速さ
弱み	専門性・継続性の欠如 行政システムの意思決定	市民感覚 組織評価（理念＜利益）	組織力・信用性 資源不足

（出所）筆者作成.

法　人　格

　法人とは，「権利・義務の主体となる法律上の人格を認められた組織体」のことをいう．

　組織のうち，この法律上の人格を持った組織を法人と称し，それ以外の組織を一般的には任意団体という（税法上では「権利能力のない社団」という括りもある）．

　スポーツ関連組織における法人格は，主なスポーツ支援組織（体育協会・スポーツ協会・競技団体・スポーツ振興公社・全国スポーツ推進委員連合など）は公益財団法人や公益社団法人といった法人格が多い．

　民間営利によって経営されるフィットネスクラブやプロスポーツチーム，その他スポーツ施設提供業などは主に株式会社の形式が多い．

　そして，地域スポーツや市民団体では「一般社団法人」や「NPO法人（特定非営利活動法人）」などが多い傾向にある．

　公益社団法人，公益財団法人は許可制度で，官庁の自由裁量により法人格が認められる．

株式会社は準則主義であり，法務局への届出により設立できる．

これに対し，NPO法人は「認証主義」と呼ばれ，主務官庁はあるもののそこでの判断はあくまでも提出書類が法律に照らし合わせて不備がないかを確認するに留められ，その証明を認証書という様式で申請団体に付与し，認証された団体はその認証書をもって法務局に登記することで法人格が得られる．

この認証NPO法人から，さらに税の優遇措置など（① 個人もしくは法人が寄付した場合，その寄付金に対して税の還付が受けられる，② 収益事業によって得られた利益を法人内寄付として制限はあるものの費用に計上できる，③ 遺産を引き継ぐ場合，相続税が非課税になる）を受けられる「認定NPO法人」という制度がある．これはより公益性の高さを認定してもらう必要がある．申請は煩雑であるが，利用の仕方によってはより地域に密着した形式での経営も可能になると思われる（寄付や地域資源の有効活用など）．

また近年，増加傾向にあるのが一般社団法人で，基本的には準則主義にて法人格が付与される．手続きはNPO法人と比較すると簡素である．

表5-2　公益法人の分類と主なスポーツ組織

公益法人の種類	法人設立	主なスポーツ組織	特徴
公益財団法人 公益社団法人	主務官庁の許可制 （許可主義）	主に全国規模や都道府県規模の競技団体や協会組織など	公益性を主務官庁である国や自治体が判断するため、それに対応した事業実施が必要
一般財団法人 一般社団法人	法務局への届出 （準則主義）	個別のテーマ性があるスポーツ組織など	公益法人制度改革によりできた制度であり、公益性よりも非営利性が強調される。情報公開原則がないことや知名度を考えるとNPO法人より地域社会からの信頼は得にくいと考えられる。
NPO法人 認定NPO法人	自治体による認証と認定 （認証主義）	総合型地域スポーツクラブや個別のテーマ性があるスポーツ組織など	公益の定義は「不特定多数のものの利益」であり、自治体は原則として公益判断をしない。そのため活動の自由度は高い。

（出所）筆者作成.

スポーツ組織論の課題

　武隈［1995：66］によれば，日本におけるスポーツ組織研究は極めて低調であった．その後，1993年のJリーグ発足や，1998年に成立した特定非営利活動促進法（NPO法）などにより，スポーツ組織の研究は増加傾向にあるとされる［笠野2012：87］．しかし，その多くは企業をフィールドとして発展し，そのため，競技団体のように一般にボランティアによって活動が維持され，しかも共通の職場空間を持たないような非営利組織の分析に耐えるような枠組みを提示してこなかった［武隈1995：66］．清水［2008：161］も同様の指摘をしており，笠野［2017：3］は，「愛好者を含むスポーツ行為者全体をどのように組織化していくかを考えることが，企業組織の課題でも教育組織の課題でもなくスポーツ組織の克服すべき課題である」としている．

　この「愛好者」の集団というのがスポーツ組織の大きな特徴でもあろう．実際，多くのNPOは喫緊の社会課題をテーマに活動をしているが，スポーツ組織はこういった社会課題というよりも生活の豊かさや新しい価値観の創造をテーマにする団体が多く，まさに愛好者の集まりといえる．

　近年，スポーツ界におけるインテグリティ（誠実性・健全性・高潔性）が欠如したような事例やコンプライアンス（法令や社会規範の遵守）に反する問題が明るみになり，ガバナンス（統治，支配，管理など）を求める動きが活発化している．これらを踏まえ，2019年にはスポーツ庁がスポーツ団体ガバナンスコードを策定している．

　スポーツの愛好者は「ある意味言葉は適切ではないが，仲良し集団的な牧歌的集団」［友添2019：13］にもなりえる．こうしたスポーツ組織において，ガバナンスコードをどう機能させていくのか，スポーツ界における大きな課題である．

組織の構成 （主にNPO法人を例として）

　組織には大きく４つの性質を持つ人たちが関わる（図5-1を参照）．

　① 構成員：組織の所有者として，意志決定をする議決権（参政権・共益権）を有する人．意思決定に加わるという点で主体的な参加者にあたる．法律上は「社団（人の集まりを社団と言い，お金の集まりを財団という）の構成員」という意味で「社員」と定義される．意思決定の方法は，基本的に総会であり行政セクターではこれが議会にあたり（議会制民主主義），株式会社では株

主総会が該当する．NPO法人では，法律用語としては，年に1回以上開催される社員総会となる．

② 経営者：日常の組織経営の責任者で，行政セクターにおいては首長など，株式会社では役員，NPO法人では一般に理事や監事がこれにあたる．NPO法人では理事会は総会の主催者にあたることから，その役割として，（1）総会に付議すべき事項に関する責務（予算や決算，事業計画や事業報告，会費など，組織の理念や方針，財務，人事など）と，（2）総会の議決した事項の執行に関する責務（日々の組織運営の評価）がある．また，総会の議決を要しない会務の執行に関する責務（例えば，謝金の規程などの細則を決める）がある．ガバナンスという意味においては，構成員の総会と，経営者の意思決定会議が重要な役割を負うことになる．

③ 労働者：組織に労働力を提供する人で，行政セクターであれば行政職員，株式会社であれば会社員，NPO法人では特徴的にボランティア（「ボランティアでなければならない」という誤解も多いが，そうではない）が多い．労働力の提供には事業遂行にかかる労働と，組織運営にかかる労働とがあり，具体的

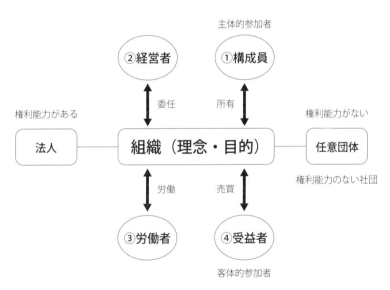

図5-1　人と組織の関係性

（出所）筆者作成．

な例として総合型地域スポーツクラブでは，スポーツ指導者が前者にあたり，クラブマネジャーは後者にあたる．

④ 受益者：その組織からモノやサービスの提供を受ける人．行政セクターであれば主に地域住民，株式会社であれば消費者，NPO法人では受益者と表現することが多い．NPO法人では，この受益者が「不特定多数のものでなければならない」という定義がある．

スポーツ組織の主体性

2000年，当時のスポーツ振興法に基づき，文部科学大臣告示として策定されたスポーツ振興基本計画は，スポーツ振興法にその条文が記されて初めての計画文であった．その内容は，地域スポーツにとっても大きな転換点であった．なぜなら振興方策の柱の1つに「生涯スポーツ社会の実現に向けた，地域におけるスポーツ環境の整備充実方策」が掲げられたからである．そして，それは従来の地域スポーツを拡充するというよりも，「総合型地域スポーツクラブ」という新しい形態でその実現を図ろうというものであった．

その中の特徴として「総合型地域スポーツクラブとは，地域住民が主体的に運営するスポーツクラブの形態である」と「主体」という言葉が説明として使われている．その他にも，「地域住民が主体的に運営する」「自らのスポーツ活動のための環境を地域で主体的に創り出す」という記述があったり，そのために「自らのスポーツ環境を主体的に整備」することへの期待，そして望まれる取り組みとしてNPO法人格の取得による「組織として権利義務の主体となること」といった文言が書かれている．

ただ，スポーツ組織に関わる多くの人のきっかけは受益者としての立場（客体）からであり，そこから主体に転じて，指導者になったり，総合型地域スポーツクラブでいえばクラブマネジャーという立場（労働者）になったり，さらには役員の立場（経営者）になる人もいるだろう．

しかし，日本においては「構成員」という立場になることが，なかなかイメージできない．

P.F.ドラッカーは『ネクスト・ソサエティ』という著書の中で「20世紀において，我々は政府と企業の爆発的な成長を経験した」[Drucker 1998：邦訳 203] と記している．行政や政府というセクターであれば構成員は地域住民にはなるが，意思決定に参加しているのは議会で議決権を持つ議員である．

また株式会社でいえば株主になるが，日本における家計の資産構成は「現金・預金」が多く，「株式出資金」の割合が諸外国に比べて低いという傾向があり，株主という立場になった経験がある人は総じて少ないといえよう．

　NPO法人の総合型地域スポーツクラブを例にすれば，クラブ会員は多くの場合「受益者」であり，一般的な定款の例で示されている「正会員をもって特定非営利活動促進法上の社員とする」の正会員が誰なのか，またその立場にいる人もどういう権利を持つのか，を認識している人は少ないのではないだろうか．これはスポーツだけでなく地域コミュニティにも言われていることで，山田［2006：2］は「地域住民とそのコミュニティによる主体性の認識とその対応力が求められている」と述べている．

　非営利のスポーツ組織にとっては，企業にみるガバナンスをそのまま当てはめられず，また愛好家が多い集団においてはなおさらであろう．

スポーツ支援組織

　地域スポーツにおける支援組織は従来であれば，各地域の競技団体であったり，統括する体育（スポーツ）協会や行政担当課，生涯スポーツでいえばスポーツ少年団の統括団体やスポーツ推進委員であろう．平成12年のスポーツ振興基本計画では総合型地域スポーツクラブをはじめとする地域スポーツの支援機能として「広域スポーツセンター」の設置が明文化された．

　広域スポーツセンターの機能は以下のように説明されている．

　　「個々の総合型地域スポーツクラブが，地域住民のニーズを踏まえて創設され，継続的かつ安定的に運営されるためには，多くの課題があり，個々の総合型地域スポーツクラブだけでは解決できない課題も少なくない．このため，総合型地域スポーツクラブの創設や運営，活動とともに，スポーツ活動全般について，効率的に支援することのできる広域スポーツセンターが必要である．

　　広域スポーツセンターは次の機能を備え，各広域市町村圏単位に設けられることが必要である．

　　　ア　総合型地域スポーツクラブの創設，育成に関する支援
　　　イ　総合型地域スポーツクラブのクラブマネジャー・指導者の育成に関する支援

ウ　広域市町村圏におけるスポーツ情報の整備・提供

エ　広域市町村圏におけるスポーツ交流大会の開催

オ　広域市町村圏におけるトップレベルの競技者の育成に関する支援

カ　地域のスポーツ活動に対するスポーツ科学・医学・情報面からの支援

　まさに支援組織の機能をあらわしており，こういった機能は，2017年の第2期スポーツ基本計画では中間支援組織とも表現され，総合型地域スポーツクラブ連絡協議会と連携し実現するという構想になっている．

　ただ，多くの支援組織は行政からの補助金で運営をされていたり，または愛好家の組織であったりするなど，ガバナンスの課題は残されている．

２.　スポーツNPOのマネジメント

　第1節においては，スポーツ組織とスポーツ支援組織の構成などについて整理するとともに，主にガバナンスにおける課題を提示した．本節では，非営利組織という視点（特にNPO法人について）でそれらをさらに掘り下げたい．

　第1節で指摘したように，スポーツ組織のマネジメントは企業の論理が応用されることが多い．しかし，地域スポーツや生涯スポーツは，関係者は，意識していないであろうが，その多くが非営利組織である．

　P.F.ドラッカー［Drucker 1990：邦訳 i］は，「非営利組織の経営」の冒頭で「最古の非営利組織（NPO）は日本にある．日本の寺は自治的だった．もちろん非営利だった．その他にも日本には無数の非営利組織があった．ある分野では日本がいちばん多い．それは産業団体であって，企業間，産業間，対政府の橋渡し役となってきた．それでも非営利組織はある意味特殊なアメリカ的な存在である」と述べている．

　松原は「なかなか非営利ということの意味が理解してもらえない，と嘆くNPO関係者は多いが，日本で理解されていないのは，本質的には営利ということ自体の理解の方なのである．日本の企業は，7割が赤字法人で，配当も出していなければ，法人税も払っていない．企業の資金を支えているのは，資本市場ではなく，金融資本が中心となっている．そのような状況のもとでは，営利ということ自体が十分に問われないできてしまったのだろう．このように営

利の理解がしっかりしていない日本では，結局，非営利も漠然としたものとならざるをえない」と述べている[1]．

　学校でも資本主義，株式会社，そのルーツとされる東インド会社というのも言葉としては習うものの，営利という仕組みの本質を学ぶということはほとんどない．

　『会計の世界史』では「東インド会社（VOC）は世界ではじめての株式会社といわれています．（中略）大船団を組む丈夫な船をたくさんつくり，現地に立派な拠点を構えるべくVOCは巨額の資金を長期的に調達しなければなりません．これを家族や友人だけで行うのはどう考えても不可能です．そこでVOCは資金調達を一歩進めて見ず知らずの他人からも行うことにしました．ヴェネツィアやフィレンツェの組織では，出資を行うのは家族・親族（Family）やその延長である仲間（company）でしたが，VOCは見知らぬ人々（stranger）からも資金を集めます．ここで新たなストレンジャー株主が登場します．出資者にストレンジャー株主が入ってくると，経営の仕組みが大きく変わります．ストレンジャーは家族や仲間とちがって経営者と個人的な絆をもちません．所有と経営が分離された環境のもと，彼らは儲けを望んで投資をしてきます．彼らを満足させるためには，① 事業の儲けをきちんと計算すること，② 儲けの相当分を出資比率に応じて分配すること，の二つが必要です．① 事業の儲けをきちんと計算すること，のためには簿記が必要です．すべての取引を帳簿に記録すべく，VOCは早い段階で複式簿記を導入しました．（中略）帳簿を付けることによって事業の儲けを計算できれば，そのうちの相当分を出資比率にしたがって株主へ分配ができます．これら正しい計算と分配はストレンジャー株主から資金を預かる以上，果たさねばならない最低限の責任です．このうちストレンジャーに対する儲けの報告（＝account for）が「会計accouting」の語源です．資金を預かった経営者から，資金を提供した株主に向けて報告（説明）を行う，ここが会計のルーツなのです」と説明している［田中 2018：№1068-1095］．

　ここでいう ② のところが「営利活動」である．ここが日本ではあまり理解されておらず，1）サービスの対価をもらうこと（収益を上げること），2）組織として利益を計上すること（収益から事業や管理運営の経費を引いた余りを繰越すること），3）労働力を提供してくれた人に人件費を支払うこと，これらもすべて営利活動と誤解されていることが多い．

　日本では非営利組織が多いにもかかわらず，営利という認識が欧米からのも

のであるため，ドラッカーがNPOを「アメリカ的な存在」と表現するのだろう．

　地域への説明責任を考えれば，地域スポーツにおいてNPOの視点をしっかりと認識しておくべきと考える（愛好家の集団におけるガバナンスという視点においては，この議論だけでは足らないが）．

NPOの歴史的背景

　NPOという言葉は以前からあったが，注目されるようになったのは，1998年に可決・成立した特定非営利活動促進法（NPO法）による．この法律を策定するきっかけとなったのは，1995年に発生した阪神淡路大震災であるが，1992年に開催された「地球サミット」において，その重要性が認識され準備が始まったとされている．

　法案策定当初，法律の名称は「市民活動促進法」だった．堂本 [2019:1] は「市民という単語は当時，社会主義や市民革命のように受け取られかねないという理由により，一部の議員から反対にあった」と回顧している．

　法文中に100以上あった市民の言葉は削除されたが，第1条の目的に「市民の活動を促進する」という文言は残った [堂本 2019：1]．

　本節では，主にNPO法人を中心に説明を進める．その他の公益法人の制度もあるが，本節で説明するNPO法人の成り立ちや歴史的な背景から，地域スポーツには適していると思われる．

市民と地域住民

　NPOと言った場合，非営利という「構成員への利益配当をしない」部分がクローズアップされるが，もう1つ，政府や行政の組織ではないという，つまり「民間」の組織であるという定義がある．なので行政組織も非営利ではあるがNPOとは言わない．NPOを丁寧に日本語で訳す場合は「民間非営利組織」となる．

　総合型地域スポーツクラブを説明する行政などの基本計画の文言では，その担い手を地域住民と記述することが多い．筆者は20年にわたり，NPOの運営に携わりながら，総合型地域スポーツクラブのアドバイザーを15年担ってきたが，地域住民という言葉になじめなかった．

　森は，市民について以下のように説明している．「市民とは，自由で平等な公共性の価値観を持つ普通の人である．普通の人とは特権や身分を持つ特別な

人ではないという意味である．市民は，近代西欧のCitizenの翻訳語である．（中略）都市的生活様式が日本列島に全般化し地方分権たらざるを得ない1980年代に至って，ようやく，福沢が期待をこめて訳語した市民が使われるようになった．普通の人々によるまちづくりの実践が全国に広がったからである．しかしながら，人間は誰しも自分が体験しないことは分からない．国家統治の官庁理論の人々には住民と市民の違いが分からない」．

また，住民については次のように述べている．「住民とは，村民，町民，市民，県民など，行政区割りに住んでいる人のことである．そして住民という言葉は，住民登録・住民台帳・住民税というように，行政の側から捉えた言葉である．行政が統治し支配する客体が「住民」である．住民は被治者で行政サービスの受益者である．住民という言葉には上下意識が染み付いている．その上下意識は住民の側にも根強く存続しているのである．長い間，行政法学は行政を優越的主体と理論構成した．そして住民は行政執行の客体で被治者であった．住民という言葉には自治主体の観念は希薄である」．

地域住民という立場で，NPOを主体的に運営していくこと，客体的な参加に慣れてしまった人にとっては認識が難しく，日本においてはその歴史をもう少し積み重ねていく必要があると感じる．

スポーツNPOのマネジメント

P.F.ドラッカー［Drucker 1998：邦訳 273］は「21世紀において，われわれは，新たな人間環境としての都市社会にコミュニティをもたらすべきNPOの，爆発的な成長を必要としている」と述べている．

その理由として「非政府であり非常利でもあるNPOだけが，今日必要とされている市民にとってのコミュニティ，特に先進社会の中核となりつつある高度の教育を受けた知識労働者にとってのコミュニティを創造することができる．なぜならば，誰もが自由に選べるコミュニティが必要となるなかで，NPOだけが，教会から専門分野別の集団，ホームレス支援から健康クラブにいたる多様なコミュニティを提供できるからである．しかもNPOだけが，もう一つの都市社会のニーズ，すなわち市民性の回復を実現しうる唯一の機関だからである．NPOだけが一人ひとりの人間に対し，ボランティアとして自らを律し，かつ世の中を変えていく場を与えるからである」と．

NPOは，人と社会の変革という目的を達成するために「事業」を展開し，

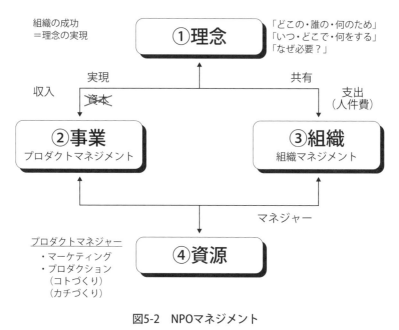

図5-2　NPOマネジメント

（出所）筆者作成.

事業を継続するために「組織」を運営し,事業と組織を支えるために「資源（ヒト・モノ・カネ・情報）」を有効に活用（マネジメント）していくこととなる.すなわち,スポーツNPOは,スポーツに関わるすべての人々と,それらを取り巻く社会を変革するという目的を達成するために存在する［小笠原・内田 2012：211-212］.

　これを地域スポーツのNPOとして以下に説明する.

理念を作る

　NPO（非営利組織）は文字通り「営利を目的としない」.だからこそ「何が目的なのか？」が重要である.

　理念は組織の関係者にとって,精神的なよりどころである.

　また,構成員への利益配当を行わない（構成員は金銭的な自益権がない）仕組みの中で,構成員にとって理念とは,「共感」であり,「当事者性」である.

　この「共感」と「当事者性」を生み出す理念を作ることは,非常に重要といえる.

　加藤［2004：38］は,「NPOの目的とは,社会のどんな問題を解決するために,

誰のために，何をするのか，を定義したものである」と述べており，この理念にいかに共感してもらい，当事者性を高めるかがNPOマネジメントのスタートである．

P.F.ドラッカー［Drucker 1990：邦訳 5］は，また「NPOに対する最終的な評価は，使命の表現の美しさではなく，目的に対する行動の適切さによって行われる」とも述べている．

ここで大事なのはロジカルシンキング（論理的思考）である．大前［2004：17］は「問題解決の根本にあるのは，論理的思考力である」と言い，「結論を導き出すうえで最も大切なのは，その問題の原因は何かを明確にすることである」としている．

私たちがとかく問題や原因だと思っていることは，単なる現象に過ぎないことが多く，その現象を治しても根本的な問題解決にはならない，ということである．

希望的観測（ウィッシュフルシンキング）もときには必要だが，近年，政策立案にEBPM（Evidence Based Policy Making：科学的根拠に基づく政策）という考え方が用いられているように，多くの人をNPOに巻き込むためには根拠に基づく説明が必要である．

ウェデル＝ウェデルスボルグ［Wedell-Wedellsborg 2017：邦訳 27-28］はこんな事例を紹介している．

【なかなか来ないエレベーターの問題】
　古いオフィスビルのエレベーターが遅く，待ち時間が長いため，苦情が多い．解決策を尋ねると「エレベーターを取り換える」「強力なモーターに取り換える」「エレベーターを動かすアルゴリズムをアップグレードする」などだった．
　しかし，最も有効な解決策は「エレベーターの横に鏡を取り付ける」ことだった．

この事例が指し示しているのは，問題の理解を変えるということである．

エレベーターが遅いのは紛れもない事実であるが，エレベーターの需要がピークに達したときに「何が問題として起こっているのか」をさらに分析することである．

問題を別の側面からとらえると，抜本的な改善がもたらされることがある．

こういった理念づくりや課題設定・分析は，理事会の重要な仕事であり，NPO法人の具体的な書類としては「設立趣旨書」がこれにあたる．

総合型地域スポーツクラブやスポーツ少年団など，企業評価のように会員数や予算の大小によって評価をする傾向も見受けられるが，ドラッカーの言葉を借りれば，理念を具体的な事業によってどう達成したのか，これが本来の評価であり，NPOの監査も，予算や会計の監査だけでなく，理念に基づく事業の監査も行うべきであろう．

理念づくりの具体的な手順は以下のようになる．

① 自分たちが興味・関心のある社会的現象を客観的に述べる

　一般的に「少子高齢化」「人口減少」「子どもたちの体力低下」「地域コミュニティの希薄化」などをテーマにしているところが少なくないが，実際に自分の生活の場において，これが客観的にどんな現象を引き起こしているのか，そこまで記述することである．例えば「少子高齢化が問題である」と表現するところもあるが，少子高齢化は現象であって，それがどのような問題を引き起こすのかは別のことである．主観的に「問題だ」と叫んでも，そこに共感や当事者性が生まれなければ（社会的には問題かもしれないが，私には関係ないと思われてしまったら），理念を共有することはできない．

② ① で示した社会的現象に対して，自分たちは何が問題だと思っているのかを主観的に述べる

　「なかなか来ないエレベーター」の事例でも紹介したように，現象に対して「何が問題なのかを」多面的にとらえ，自分たちはどこに焦点を当てているのかを述べる．共感は現象ではなく，問題の共通認識から生まれる．

③ ① や ② の引き起こす根本的な原因を探り，訴えかける

　例えば「子どもたちの体力低下」を「問題」としてとらえてしまうと，解決策として「学校で体育の指導を強化しましょう」となる．では，果たしてその学校の体力測定の平均値が全国の平均値を上回ったら，それで「子どもたちの体力低下」の「問題」は「解決」なのだろうか？　多くの学校ではすでに体育の工夫，休み時間を利用しての持久走，ダンスの教科化，など取り組みを行っているが，それでも運動をする子としない子の二極化が進んでいる．つまり，学校以外の場（地域や家庭）で二極化が進んでいるのである．では地域はというと，運動が好きな子や得意な子にとっては受け皿が多いもの

の，そうでない子どもたちにとってはなかなか受け皿が見つからないのかもしれない．つまり，ここが根本的な原因ではないだろうか，ということ．これを地域に訴えかければ，単に「子どもたちの体力低下が問題」ではなく，地域の在り方までも問題提起することになり，多くの人を巻き込むことができる可能性がある．

　おそらく，地域スポーツ団体の理念は①，②，③が混同しており，なかなか共感を得られていないのではないだろうか．論理的思考は「言うは易し」であるが，実際に作業をし，その成果を共有してもらうには労力がいる．しかし，地域のためにも，組織のためにも「思考停止」することなく「理念づくり」をするべきである．

④　③を解決するためにどんな事業をするのかを計画する

　原因が明確になれば，おのずとどんな事業を行うべきかが見えてくる．NPOは創業者の「思い」からスタートするが，「思いつき」で「行動すること」ではなく，「思い」を「成果」という「形」に結びつけることが大事である．具体的には次の項で述べる

⑤　結論として私たちはどんな問題を解決しようとしているのか，もしくはどんな新しい価値観を提案しようとしているのかを述べる

　成果とは「現象が治った状態（現象がひどい場合は，それも大事だが）」ではなく「原因が治り問題が解決された状態」もしくは「今までになかった新しい価値観が浸透した状態」である．最終的にここの部分を共感してもらえるかどうかが，理念の評価となる．

事業について

NPO法では「本来事業（目的実現のための事業）」とともに「その他の事業（主に収益事業：資金獲得のための事業）」を行うことが認められている．

　ただ，スポーツという業態は受益者負担が見込める分野であり，スポーツ振興という本来事業の品質・価値（専門性や独自性）を高め，収益効率を上げるよう事業を組み立てていく必要がある．

　小笠原［2003：123-128］はスポーツプロダクトという概念において，以下の分類にまとめている．これをもとに地域スポーツにおける事業について考える．

主なスポーツサービスの分類（スポーツプロダクト）［小笠原 2003］.

●参加型サービス

いわゆる「するスポーツ」である. 地域スポーツの場合, この領域が事業の中心となる.

① 楽しみのサービス

スポーツをするこういそのものが「楽しい」という人たちに対するサービスである.

近年, この「楽しい」という事象に変化が見られるという指摘もある.

セリグマン［Seligman 2011：No.295-397］によると, ウェルービーイングには5つの要素があり, それは「快楽」「達成」「関係性」「熱中」「意味合い」と説明している.

スポーツに照らし合わせれば, スポーツをすることによって爽快感やストレス解消などの「快楽」や, 何らかの「達成感」を味わえることは体験的にわかる.

その他の要素についてであるが, 「関係性」というのはコミュニケーションであり, 「幸福感を感じるもので孤独なものは実に少ない」ということ. 地域スポーツにおいては, 地縁組織におけるコミュニケーションの煩わしさも現実にはあるが, コミュニケーションの楽しさもまたスポーツの価値である.

「熱中」というのは「フロー状態の最中は嗜好や感情は存在しないものの, 回想において"あの体験は楽しかった"」となること.

「意味合い」というのは, その体験が自分のそのときの人生にとって「有意義だ」と主観的に思えること.

特に若い世代にとっては, 「関係性」「熱中」「意味合い」の3つの要素の方が, 「快楽」「達成」よりも「楽しい」ということだ.

こういったことがスポーツを「する」ことの楽しさともいえる.

つまり, 地域スポーツにもこのようなスポーツを提供すること求められる.

バーセイド, オニール［Barsade and O'Neill 2016：88］は, そのためには提供する側にも「情緒的文化」が必要だと指摘している. これは企業文化の話になってしまうが「知識や技能といった認知的文化は, 組織の成功にとって間違いなく重要である. しかし, 情緒的文化もまた大きな意味を持つ」とし, 「顧客満足を引き出すうえで, 仕事や職場の楽しさは極めて重要であり, 従業員の献身的な姿勢を保つには一層の楽しさが求められると判明した」と述べている.

コミュニケーション能力や企画力，演出など，提供する側の能力や工夫が求められるということだろう．

このサービスの基本前提は，参加者は自らやる気を持っており，主として身体を動かすことに楽しみを見出している．まさに「愛好家」である．

② 健康・フィットネスのためのサービス

体型や健康を維持したいという要望を満たすためのサービス．

そのためには地域スポーツにおいても，提供する側は医科学的な知識を持っておくことが重要となる．

③ スキル向上のためのサービス

様々なスポーツや身体を使った活動の技術を教え学ぶこと．

このサービスの具体はゴルフのレッスンプロのように，営利企業が実施するイメージもあるが，子ども時代に「体操教室で身体動作の基礎を学びたい」とか，「将来おぼれないように水泳を学びたい」とか，「子どもたちの体力低下」の本質的な「問題」を考慮すると，地域スポーツでも実践していくことが求められる．

④ 最高のものを追求するためのサービス

会員を，ある選ばれた活動において最高のものを追求するように導き，指導すること．これはアスリートの育成にあたるが，日本では学校運動部活動が中心となり，企業による実業団スポーツがこれを支えてきた背景がある．しかし近年，各地域で行われているタレント発掘事業など，行政もサービスを強化している．そして，こういった事業を地域スポーツへ移行することも議論されている．

⑤ 専門家による健康体力維持のためのサービス

エクササイズやフィットネスのプログラムを，定期的に，優れたリーダーシップと社会的サポートのある専門家のガイダンスと監督の下に，企画・実行すること．

これも営利企業の領域のようなイメージがあるが，例えば健康運動指導士などが，地域でこういったサービスを提供することにも期待がある．

⑥ リハビリ・美容のためのサービス

ダイエットや健康に問題のある人のためのリハビリ，スタイルをよくしたい人のための身体を動かすプログラムを計画し提供すること．

これも日本の地域スポーツにはなじみが薄いのかもしれないが，高齢者の美容を高めることで社会に出かけることを推奨するNPOがあったり，介護予防

や転倒予防などを実践しているところもある.

　以下のサービスは，日本の地域スポーツでは発展途上だが，今後の展開の仕方としては可能性があると思われる.

●観戦型サービス

　いわゆる「みるスポーツ」であるが，スポーツという手段を用いて娯楽を提供するもの.

　これには3つの重要な要素がある.

　　・コンテスト・・・競争という意味での競技レベルの高さを見せる
　　・スペクタクル・・・目を見張るような感動的なもので，質の高い内容を提供する
　　・第3の場所・・・家庭と仕事場に対して，遊びの形としての付き合いの場

　「コンテスト」「スペクタクル」はより高度なスポーツになるほど金銭的な対価の価値は高まるが，例えば子どもの運動会などパフォーマンスは低いものの，多くの人がその光景を観戦する.

　さらに最後の「第3の場所」が地域スポーツにとっては重要と考える. 前述した，子どもの運動会は特別感のある家族のコミュニティの場であり，他の家族ともコミュニケーションをとる機会でもある. 地域コミュニティが希薄化しているという指摘がある昨今，スポーツ界が地域スポーツを「みる」という場を作り，コミュニティの醸成を図ることができれば，そこに価値を作ることができる.

　またプロスポーツにおいて，地域リーグに集客が難しいという声があるが，普段からスポーツ観戦をしない人たちが,「お金を払って」「スタジアムに行く」という行為はハードルが高い. しかし，家族の構成員が学校や地域のクラブに所属し，例えば試合があったとき，地域も巻き込んで「応援に来てください」とスポーツ施設への誘導を促せば，普段スポーツはしないものの，地域のスポーツ施設で「みる」という行為が定着するかもしれない. そうすれば，家族や地域の人を連れ添ってプロの試合を観戦するといった行為につながる可能性もある.

　プロスポーツと地域スポーツの連携も今後，期待したい.

●スポンサーシップサービス

「スポンサーシップ＝寄付行為」というイメージがあるが，ここでの定義は以下のようになる．「スポンサーシップとは，スポーツに関わる個人または組織と，スポンサーとなる企業等が相互の利益を求め合うビジネス関係」である．

スポンサー側が得られるメリットは3つに分類される．

　　① マーケットアクセス
　　② ブランド・イメージを向上させること
　　③ ホスピタリティーの機会

スポンサーとなる企業と相互の利益を求め合えるビジネス関係を保ったビジネスパートナーになることを理解し，スポンサーシップパッケージを企画提案していくことが重要である．

ただスポンサーと聞くと，グローバル企業のスポンサーがイメージされるが，地元の小さな企業（商店も含めて）なども小口のスポンサーになりえる．CSR（Corporate Social Responsibility：企業の社会貢献）のような寄付的なものもある．組織のスポンサーになってもらうのか，事業のスポンサーになってもらうのか，も検討する必要がある．

地域スポーツにおいては「100万円のスポンサーを1口獲得する」ことではなく，「1万円のスポンサーを100口獲得する」努力が求められるのかもしれない．

●ソーシャル・アイディア（社会的実践）

ソーシャル・アイディアとは，社会的に影響を及ぼす考え方である．

この成果はスポーツが大衆と交換しようとしているプロダクトでありソーシャル・アイディアあるいはソーシャル・プラクティスと呼ばれるものである．

例えば，総合型地域スポーツクラブという発想がソーシャル・アイディアである．

以上のように，例えば委託事業などを獲得する際，事業アイデアの段階から提案し，先方に予算化してもらうということ．

近年，社会的にはCSRやCSV経営（Creating Shared Value：企業と社会の共通価値の創造）が支持されており，行政も企業も公益的なアイデアを求めている．

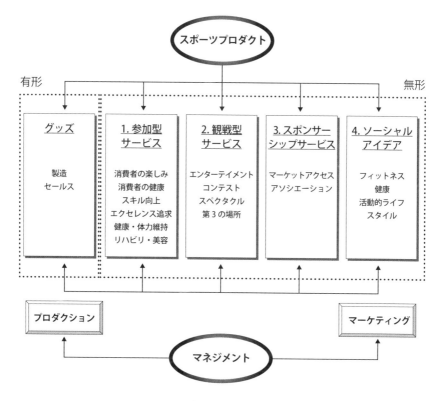

図5-3　スポーツプロダクトの分類

（出所）小笠原［2003］を一部改変.

組織について

　第1節で示したように，地域スポーツ組織も4つの性質を持った人が関係する．NPO業界では志を共有する人という意味で「志縁組織」という言い方をする人もいる．さらには繰り返しになるが，スポーツ組織の場合，関係者は愛好家が多い．

　川北［1999：12］は「アメリカで40以上のNPOや企業，大学などを訪問した際，『成功するNPOの条件は？』と尋ねたところ，『明確な理念』『多様な資金源』『活発な理事会』の3つを挙げる人が多かった」と，理事会の重要性をあげている．

　理事会とは日常の組織の「経営」に対し責任を負う役割があり，定款でいえ

ば「総会に付議すべき事項」の提案は理事会が行う．それは事業計画や予算，事業報告，決算，人事，事務局の組織や運営に関することなどである．

これに対し，組織の管理運営で現場にいるのが事務局であり，スポーツ場面でいうと指導の現場にいるのが指導者となる．

現場スタッフと理事会はその役割が異なる．緊急性と重要性という視点で見るならば，現場の緊急事案については重要性が高かったにしても，現場のスタッフに権限移譲することが求められる．一方，総会に付議する事案の検討は，重要性は高いが緊急性は低い．こういった事項は理事会の仕事となる．

ここが日本スポーツ界の特徴かもしれないが，往々にして現場の緊急事案の意思決定に対し，理事会が後になって異議を唱えたり，または総会に付議する事項を事務局に一任したりする傾向がある．ガバナンスということでいえば，こういった慣習を改めるところから始めなければならない．

そのためにはスポーツ庁が策定したスポーツ団体ガバナンスコードの理解とともに，NPOマネジメントにおける組織関係者の役割の理解を深める必要がある．

以下に，NPOの組織の関係図を示す．

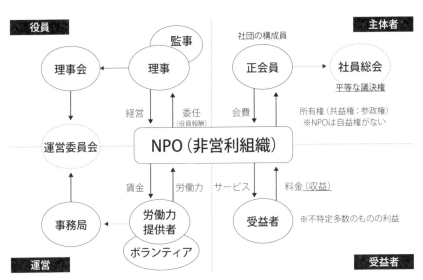

図5-4　非営利組織と人との関係図

（出所）福岡県民ボランティア総合センター［2003：17］より加筆．

資源について

　資源は大きく「ヒト」「モノ」「カネ」「情報（技能）」の４つに分類される．さらに事業遂行のために使う資源と組織管理のために使う資源とに分けられる．

　スポーツNPOにおける事業遂行のための主な資源を整理すると，以下のようになる．

- ・ヒト：スポーツ指導者（ボランティアも含む）など
- ・モノ：スポーツ施設，スポーツ用具など
- ・カネ：施設使用料，指導者への謝金，スポーツ用具購入費など
- ・情報：スポーツ指導技術，スポーツ医科学知識

　これに対し，組織運営のための主な資源を整理すると，以下のようになる．

- ・ヒト：事務局職員（クラブマネジャーなど，ボランティアも含む）
- ・モノ：事務所，パソコン，プリンタ，電話，FAXなど
- ・カネ：事務所の家賃，事務局職員への給与，備品購入費など
- ・情報：会計，税務，労務など

●財務

　NPOの収入源は「会費（正会員の）」「寄付」「事業収入（クラブ会員の会費を含む）」「補助金・助成金」「委託事業収入」の５つに分けられる．

　支出については組織運営に使う「管理費」と，事業に使う「事業費」に分け，それぞれに「人件費（支出の仕方によって労務が発生する）」と「その他の経費」に分けて支出する．

　この日々の経理と会計業務を行い，最終的に「活動計算書」「財産目録」「貸借対照表」を作ることになる（事業によっては税務が発生する）．

　ここまでは事務局の仕事となるが，これをもとに決算や次年度予算，事業の報告書類や事業計画，人事などを理事が行う．

　法人格のない市民団体であっても，現代社会においてはこういった説明責任を果たす義務があるだろう．

●スポーツボランティア

　近年，スポーツイベントなどの発展とともにスポーツボランティアという言

葉をよく耳にするようになった.

NPO法人日本スポーツボランティアネットワークのスポーツボランティアリーダー養成研修会テキストではボランティアの定義を「英語のボランティアの語源は志願兵であり・・・」とし,「自主的に社会活動等に参加する人や活動のこと.自主性・公益性・無償性・先駆性・継続性の5つの原則に基づく活動」［日本スポーツボランティア学会 2008］としている.

日本では単なる無償労働（アンペイドワーク）のことや,奉仕活動と混同されることもある.また「ボランティアだから専門性がなくていい」「ボランティアだから責任を持てない」といったことも聞かれる.

しかし,これからのボランティアは,プロボノという言葉もあるように,専門性を生かしプロフェッショナルとしてボランティアに勤しむ活動も出てきている.スポーツボランティアは人とのコミュニケーションが必須であり,そのことを楽しめる環境が必要である.

●地域スポーツに法人格は必要か

法人格のメリットは大きく3つある.「社会的信用」「権利能力の所有」「リスクマネジメント」である.

社会的信用はすでに実績のある組織であれば,そのための法人格は必要ではない.

もう1つの権利能力については,法人格を有することで組織としての実印をもつことができる.そして「契約行為」「財産所有」「雇用責任」の3つの行為が組織として可能になるということ.

具体的には,銀行口座の例でいうと,法人格がなくても組織名で口座を開設することはできるが,法律上,その口座に入っているお金は通帳印を押した個人の財産になる.しかし,これを法人名義にすることにより,法人の印鑑にて口座を開設することができ,その口座に入っているお金は組織の財産となる.

「リスクマネジメント」でいえば,例えば何らかの事故が発生した際,その責任を個人ではなく組織で負うことができるということである.

一方,法人の責務としては,NPO法人であれば年次報告を行政所管に提出する義務が発生したり,法務局登記や税務・労務が発生することもある.

しかし,これらの業務は「法人格をとっていないなら,やらなくてもいい」ということではない.社会的な信用を考えれば,事業報告書や決算書などを情

報公開することは，法人格の有無に限らず大切なことである．

　以上のことを踏まえ，法人格の取得については理事会を中心に検討をするべきである．

注

1）松原明『「非営利」に代わる新しい特徴を』NPOWEB Mail Magazine No.023，シーズ＝市民活動を支える制度をつくる会，2001年．

2）森敬「市民と住民の違い——自治体学の基礎概念——」2013年（http：//jichitaigaku. blog75.fc2.com/blog-entry-208.html，2020年5月25日閲覧）．

参考文献

大前研一［2004］『考える技術』講談社．

小笠原悦子［2003］「スポーツプロダクト」，日本スポーツクラブ協会編『総合型スポーツクラブマネージャー養成講習会テキスト（改訂版）』文部科学省スポーツ青少年局生涯スポーツ課．

小笠原悦子・内田満［2012］「スポーツNPOのマネジメント・公益スポーツ法人の役割」，川西正志・野川春夫編『生涯スポーツ実践論——生涯スポーツを学ぶ人たちに——改訂3版』市村出版．

加藤哲夫［2004］『一夜でわかる!「NPO」のつくり方』主婦の友社．

川北秀人［1999］「理事の3つの役割」『NPOマネジメント』（創刊号），IIHOE［人と組織と地球のための国際研究所］．

笠野英弘［2012］「スポーツ実施者からみた新たなスポーツ組織論とその分析視座」『体育学研究』57（1）．

―――――［2017］「主体的なスポーツ組織論の理論構成とその意義——行為者の主体性との関連から——」スポーツ社会学研究原著論文．

清水紀宏［2008］「スポーツ組織現象の分析視座」日本体育学会大会予稿集．

武隈晃［1995］「スポーツ組織研究の動向と展望——組織論的研究を中心に——」『鹿児島大学教育学部研究紀要 人文・社会科学編』46．

田中靖治［2018］『会計の世界史——イタリア，イギリス，アメリカ　500年の物語——』日本経済新聞出版社 kindle版．

堂本暁子［2019］「NPO法の意義・理念と制定プロセス」『Conte』54，福岡県NPO・ボランティアセンター．

友添秀則［2019］「スポーツ・インテグリティを確保するために」『現代スポーツ評論』40.

日本スポーツボランティア学会［2008］『スポーツボランティア・ハンドブック』明和出版.

福岡県民ボランティア総合センター［2003］『自立したNPOのためのマネジメント読本』
　　NPO法人ふくおかボランティアネット.

山田晴義［2006］『コミュニティの自立と経営』ぎょうせい.

Barsade, S. and O'Neill, O. A. [2016] *Manage Your Emotional Culture*, HBR, January-
　　February（有賀裕子訳『情緒的文化は業績にも影響を与える――組織に必要な感情
　　のマネジメント――』ダイヤモンド社，2016年）.

Drucker, P. F. [1990] *Managing The Nonprofit Organization*, Harper Collins Publishers,
　　N.Y., U.S.A.（上田惇生・田代正美訳『非営利組織の経営――原理と実践――』ダイヤ
　　モンド社，1991年）.

Drucker, P. F. [1998] *Managing In The Next Society*, Tuttle-Mori Agency, Inc., Tokyo（上
　　田惇生訳『ネクスト・ソサエティ』ダイヤモンド社，2002年）.

Seligman, M.E.P. [2011] *Flourish : A Visionary New Understanding of Happiness and
　　Well-being*, Free Press（宇野カオリ訳『ポジティブ心理学の挑戦』ディスカヴァー
　　トゥエンティワン，2014年）.

Wedell-Wedellsborg, T. [2017] *Are you Solving the Right Problems?*, HBR, January-
　　February ,2017（スコフィールド素子訳『そもそも解決すべきは本当にその問題なの
　　か』ダイヤモンド社，2018年）.

6 *regional sports*
地域スポーツ振興策の変遷

はじめに

　2020年夏に開催予定だった東京2020オリンピック・パラリンピック競技大会は，新型コロナウイルス感染症のパンデミックにより，近代オリンピック史上初めて開催の延期が決定した．また，全国各地で実施されるスポーツイベントは，市民マラソン大会から全国高等学校総合体育大会などの生徒たちの大きな目標となっている大会まで軒並み中止となっている．今後，私たちの日常生活には「新しい生活様式」が求められ，これまで通りの生活に戻ることができるか不透明な状況である．このような中でも，私たちスポーツに携わる者たちは，スポーツの持つ力が社会の活力につながるように知恵を絞っていく必要がある．

　本章では，地域スポーツの推進に関して，これまで国が主にどのようなスポーツ振興策を実施してきたかを整理する．これからのポスト・コロナの時代に，再び多くの人々がスポーツに親しんだり，楽しんだりできる機会を得るために，私たちには何ができるのか．最も身近な「地域」においてスポーツがどのように振興されてきたのか，そして現在どのようなスポーツ政策が展開されているかを確認することは，今後多くの人々がスポーツを通じて幸福で豊かな生活を営むことができる社会を実現するための手がかりになると考える．

1. 生涯スポーツ

生涯スポーツの変遷

　生涯スポーツとは,「市民一人ひとりが身体活動を通して社会的・心理的・精神的な生活の質（QOL）の向上と健康保持増進をするための社会ムーブメント」[野川 2003 : 17] である. 生涯スポーツのムーブメントは, 旧西ドイツで開始された国民のスポーツ振興策「第2の道」(1959) と1960年から15年計画で実施されたスポーツ施設建設計画である「ゴールデン・プラン」から始まり, 1967年のノルウェーのトリム運動はヨーロッパから世界に広まった. このトリム運動に影響を受け, 英国スポーツ審議会は「スポーツ・フォー・オール宣言」(1972) を行った. また, 第1回欧州スポーツ閣僚会議において「ヨーロッパ・スポーツ・フォー・オール憲章」(1975) が決議され, 勧告として公表された [松本 2010 ; 野川 2018].

　日本では1961年にスポーツ関連法である「スポーツ振興法」が初めて制定されたが, 具体的な国民へのスポーツ振興・普及策の提示は不十分であった [内海 2013]. 1962年には日本体育協会（現. 日本スポーツ協会）により, スポーツによる青少年の健全育成を目的とした「スポーツ少年団」が創設され, 現在も1964年東京オリンピックのレガシーとして全国津々浦々で活動が続いている. また, 毎年「体育の日」(2020年より「スポーツの日」) に調査結果が公表されている「体力・運動能力調査」(1964) の開始,「国民の健康・体力増強対策」閣議決定 (1964),「体力つくり国民会議」(1965) の発足,「体育の日」制定 (1967) など, 1960年代は東京オリンピックの開催を契機として, 国民のスポーツへの関心が高まったり, スポーツ行政が確立され始めた.

　これまで地域におけるスポーツ活動は「社会体育」と呼ばれ, 生涯学習としての運動・スポーツ活動という捉え方が一般的であったが, 1970年代に入ると「コミュニティ・スポーツの振興」や「スポーツクラブの育成」などの政策が打ち出され,「みるスポーツ」から「するスポーツ」の施策に重点が置かれ始めた [内海 2005 ; 野川 2018].

　1972年に文部省保健体育審議会答申「体育・スポーツの普及振興に関する基本方策について」が文部大臣に提出された. これまでの体育・スポーツは学校

体育を中心に発達し，選手を中心とする競技力の高いスポーツ振興に重点が置かれてきたが，国民に対するスポーツ振興はハード（施設），ソフト（指導者やプログラム）ともに整備が不十分という課題があった．そこで，この答申では体育・スポーツの普及振興の新たな基本方向を示し，「1. 体育・スポーツ施設の整備」「2. 体育・スポーツへの参加促進」「3. 指導者の養成・確保」「4. 体育・スポーツに関する研究体制整備」「5. 資金の確保と運用」などについて具体的な施策を提示した．

　また，この時代は高度経済成長まっただ中という社会的背景もあり，文部省のほか，経済企画庁（現．内閣府）や通商産業省（現．経済産業省）などの各省庁でも体力つくり・余暇政策が重視され，余暇政策やスポーツ政策が必要とされた時代でもあった［内海 2005］．

　1988年に文部省体育局スポーツ課が「生涯スポーツ課」と「競技スポーツ課」に分化し，スポーツ行政の体制が整えられた［野川 2018］．また，1990年に文部省が「生涯スポーツ・コンベンション」（現．生涯スポーツ・体力つくり全国会議）を開催して以降，「生涯スポーツ」という言葉が浸透し始めた［菊 2011］．

　1997年には「生涯にわたる心身の健康の保持増進のための今後の健康に関する教育及びスポーツの振興の在り方について」（保健体育審議会答申）の中で「生涯にわたるスポーツライフの在り方」として「生涯を通じて主体的にスポーツに親しむ態度や習慣をどのように定着・発展させるかという観点」から，各ライフステージ別の運動・スポーツの望ましいあり方を指針として示している（**表6-1**）．

　2000年にはスポーツ振興法の規定に基づき，日本のスポーツ政策を体系的，計画的に推進していくための「スポーツ振興基本計画」が策定された．本計画では，政策の大きな柱として，「スポーツの振興を通じた子どもの体力の向上方策」，「地域におけるスポーツ環境の整備充実方策」，「我が国の国際競技力の総合的な向上方策」の3つが掲げられた．その中で，「地域におけるスポーツ環境の整備充実方策」において，生涯スポーツ社会の実現のため，できるかぎり早期に，成人の週1回以上のスポーツ実施率を2人に1人（50％）となることを目指し，総合型地域スポーツクラブ（以下「総合型クラブ」という）を全国の各市区町村に少なくとも1つは育成するという数値目標が掲げられた．生涯スポーツ社会を実現するための1つの重要な施策として，総合型クラブが取り上げられ，これ以降，地域スポーツの中核としての総合型クラブの育成が全国で

表6-1　ライフステージとスポーツライフのポイント

ライフステージ		スポーツライフのポイント
萌芽期	乳幼児期 児童期	多様な遊びやスポーツを
形成期	青年期前期 青年期後期	シーズンに応じスポーツを 可能性に向かってスポーツを
充実期	壮年期 中年期	運動・スポーツを楽しみながら体力つくりを
享受期	老年期前期 老年期後期	体力に応じた運動・スポーツを

（出所）文部省保健体育審議会答申[1997] をもとに筆者作成.

展開され始めたといえる.

　2011年に文部科学省スポーツ・青少年局生涯スポーツ課は「スポーツ振興課」に名称が変更され,「スポーツ＝生涯スポーツ」の時代を迎えた［野川 2018］. 2015年10月1日にスポーツ庁が発足し,「スポーツ振興課」は「健康スポーツ課」に替わった. 現在, スポーツ庁において「生涯スポーツ」を冠にしている事業は,「生涯スポーツ・体力つくり全国会議」および「生涯スポーツ功労者及び生涯スポーツ優良団体表彰」のみとなっている.

生涯スポーツの定義

　山口［1989］や野川［2018］は「生涯にわたる各ライフステージにおいて, 生活の質（QOL）が向上するために自分自身のライフスタイルに適した運動・スポーツを継続して楽しむこと」という概念定義を提唱している.

　各自のライフスタイルや年齢, 体力, 技術, 興味・関心等に応じて生涯にわたり運動・スポーツに親しみ, 生活の中にスポーツを取り入れることで, 身体的, 精神的, 社会的に良好な状態を得ることを目的とし, いつでも, どこでも, だれでも, いつまでも運動・スポーツを実践していくことが推進されている. 人生100年時代といわれる現代社会において, より幸福で豊かな生活を営むためにも, 各自が自分に合ったスポーツとの関わり方を見つけ, 継続的に実践していくことが必要である.

2. スポーツにおける行政組織

中央組織のスポーツ行政

　日本のスポーツ行政組織は，中央組織（政府レベル）ではスポーツ庁である．スポーツ庁設置前は，文部科学省スポーツ・青少年局が担当していた．スポーツ庁はスポーツ・青少年局を母体として設置されており，スポーツ・青少年局内のスポーツ関係3課1参事官（スポーツ・青少年企画課，スポーツ振興課，競技スポーツ課，参事官（体育・青少年スポーツ担当））はスポーツ庁へ，学校健康教育課は文部科学省初等中等教育局健康教育・食育課へ，青少年課および参事官（青少年健全育成担当）は文部科学省生涯学習政策局青少年教育課（現，総合教育政策局地域学習推進課）へと改組された（**図6-1**）．

　スポーツ庁は，スポーツ基本法の趣旨を踏まえ，スポーツ行政を総合的・一体的に推進するため，文部科学省の外局として設置された組織であり，日本

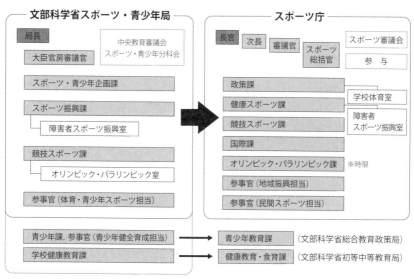

※スポーツ庁設置に伴うスポーツ・青少年局廃止時の組織構成

図6-1　スポーツ庁の組織構成

（出所）スポーツ庁ホームページをもとに筆者作成.

全体のスポーツ振興策の計画や指針の策定および全国規模の展開を担っている．文部科学設置法には「スポーツ庁は，スポーツの振興その他のスポーツに関する施策の総合的な推進を図ることを任務とする」と規定されている．

　スポーツ庁の組織体制は，スポーツ庁長官を筆頭に次長，審議官，スポーツ総括官，5課2参事官が置かれている．スポーツ庁初代長官は，1988年ソウルオリンピック競技大会100m背泳ぎ金メダリストの鈴木大地氏が務めている．次長，審議官，スポーツ総括官は，いわゆる「事務方」である行政官（国家公務員）が務めている．加えて，スポーツ庁長官の諮問機関としてスポーツ審議会が設置されている．スポーツ審議会は，スポーツに関する施策の総合的な推進等について審議するために設置され，構成員は20名以内で学識経験のある者のうちからスポーツ庁長官によって任命される．

　文部科学省スポーツ・青少年局時代に地域スポーツの推進等を主に担当していたスポーツ振興課は，スポーツ庁健康スポーツ課，参事官（地域振興担当），参事官（民間スポーツ担当）に分化された．文部科学省時代ではスポーツ振興課

表6-2　各課の主な所掌事務

課名	主な所掌事務
健康スポーツ課	・心身の健康の保持増進に資するスポーツの機会の確保に関すること ・全国的な規模において行われるスポーツ事業に関すること（政策課，競技スポーツ課及び参事官の所掌に属するものを除く．） ・地方公共団体の機関その他の関係機関に対し，スポーツに係る専門的，技術的な指導及び助言を行うこと（競技スポーツ課の所掌に属するものを除く．）
参事官 （地域振興担当）	・地域の振興に資する見地からのスポーツの振興 ・公立及び私立のスポーツ施設の整備（学校の体育施設の災害復旧に係るものを除く．）に関する指導及び助言に関すること
参事官 （民間スポーツ担当）	・スポーツ振興に寄与する人材の育成（学校における体育に係るものを除く．）及びスポーツ団体の事業の適正かつ円滑な実施（民間事業者との連携を含む．）の促進 ・国際的又は全国的な規模において行われるスポーツ事業のうち，プロ野球，プロサッカーその他専ら公衆の観覧に供するために行われるものに関すること

（出所）文部科学省組織令をもとに筆者作成．

が所掌していた施策が，スポーツ庁設置後は，1課2参事官に分かれたことで，個別施策が発展的に展開されている．

　具体的には，スポーツ庁健康スポーツ課では，地域スポーツの推進を中心に，スポーツによる健康増進や障害者スポーツの振興などに関する施策を展開している．次に，参事官（地域振興担当）では，全国各地で盛況な「スポーツによる地域活性化」に関する施策である地域スポーツコミッションの活動支援，アウトドアスポーツツーリズムや武道ツーリズムなどを推進している．加えて，大学スポーツの振興についても担当しており，2019年3月1日に設立された「大学スポーツ協会（UNIVAS）」に関する協議の事務を担当していた．参事官（民間スポーツ担当）では，スポーツ団体のガバナンスやスポーツの成長産業化などに関する施策を展開している．また，地域スポーツの観点では，地域で活躍するスポーツ指導者の養成等についても担当している．各課の所掌事務については，文部科学省組織令に規定されており，その具体的内容は**表6-2**のとおりである．

都道府県組織および市町村組織のスポーツ行政

　地方自治体は，憲法や法律によって一定の権限が与えられ，自治（地方自治）が認められており，「自治体」や「地方自治体」といわれている［伊藤・出雲・手塚 2016：12］．地域の住民に最も身近な市町村は基礎自治体，これを包括する都道府県は広域自治体と位置付けられており，これらの地方自治体は法制上，地方公共団体と位置付けられている［伊藤・出雲・手塚 2016：12，16］．

　都道府県組織（都庁や県庁など）および市町村組織（市役所など）では，「地方教育行政の組織及び運営に関する法律」の一部改正（2007）を受け，各地方公共団体において，スポーツの振興に関すること（学校体育を除く）を教育委員会から首長部局（知事部局や市長部局など）に移管することが可能となった．これにより，都道府県組織では，首長部局にスポーツ主管部局を置いている割合は53.2％となっており，文化や観光などと同じ部局に置かれている場合が多い．また，市町村組織では19.6％となっており，教育委員会内にスポーツ主管部局を置いている市町村が多い［スポーツ庁 2016］．

スポーツに関する法律と行政計画

　日本の行政では，中央組織のみならず地方公共団体においても，スポーツに

図6-2 スポーツに関する主な法律および行政計画

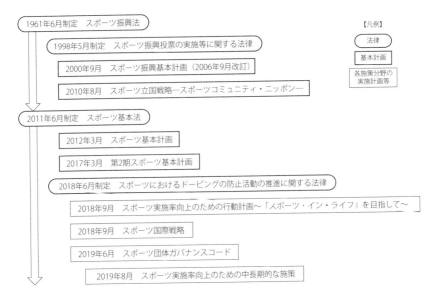

（出所）筆者作成.

限らず様々な分野でそれぞれの行政計画が策定されており，その計画に基づい
て行政活動が行われている［成瀬2011］.

　日本における現行のスポーツに関する行政計画としては，スポーツ基本計画
があげられる．スポーツ基本法第9条に「文部科学大臣は，スポーツに関する
施策の総合的かつ計画的な推進を図るため，スポーツの推進に関する基本的な
計画（以下「スポーツ基本計画」という）を定めなければならない」と規定されている.
スポーツに関する具体的な施策は，スポーツ基本計画に示されており，スポー
ツ基本計画を確認することで，現在日本のスポーツ政策の目指している方向性
などを理解することができる.

　ここでは，スポーツに関する主な法律および行政計画について簡単に説明す
る（**図6-2**）.

スポーツ振興法

　スポーツ振興法は，日本のスポーツ振興の基本を定める法律として1961年に

制定された．この法律は，「スポーツの振興に関する施策の基本を明らかにし，もつて国民の心身の健全な発達と明るく豊かな国民生活の形成に寄与すること」を目的としており，スポーツの振興のための措置として，国と地方公共団体は，体育の日の行事や各種スポーツ行事の実施および奨励，青少年スポーツの振興，職場スポーツの奨励，指導者の充実，施設の整備などに必要な措置を講ずるよう努めなければならないとされていた．また，市町村は地域スポーツの振興にとって重要な役割を持つ「体育指導委員」（現，スポーツ推進委員）を委嘱し，当該市町村のスポーツの振興のため，住民に対してスポーツの実技指導や助言を行うものとされた．

スポーツ振興基本計画

スポーツ振興基本計画は，日本における初めてのスポーツに関する基本計画である．スポーツ振興法を法的根拠（スポーツ振興法第4条）としていたが，約40年経て策定された．

スポーツ振興基本計画は，長期的・総合的な視点から今後のスポーツ振興の基本的方向性を示すものと位置付けられており，2001年度から概ね10年間で実施すべき政策目標や具体的な施策展開が示されている．また，5年で計画の全体を見直すこととされており2006年9月に改訂がなされた．スポーツ振興基本計画における主要な課題と政策目標は**表6-3**のとおりである．

スポーツ立国戦略

2000年度から概ね10年間のスポーツ政策を示したスポーツ振興基本計画に基づき，施策が実施されていたが，スポーツ基本法の制定を視野に入れつつ，続

表6-3　スポーツ振興基本計画における主要課題と政策目標

1　スポーツの振興を通じた子どもの体力の向上方策
【目標】子どもの体力の低下傾向に歯止めをかけ、上昇傾向に転ずることを目指す
2　地域におけるスポーツ環境の整備充実方策
【目標】できるかぎり早期に、成人の週1回以上のスポーツ実施率が50%となることを目指す
3　我が国の国際競技力の総合的な向上方策
【目標】オリンピックにおけるメダル獲得率が、夏季・冬季合わせて3.5%となることを目指す

（出所）文部科学省[2006]をもとに筆者作成．

表6-4　スポーツ立国戦略における5つの重点戦略

1	ライフステージに応じたスポーツ機会の創造
2	世界で競い合うトップアスリートの育成・強化
3	スポーツ界の連携・協働による「好循環」の創出
4	スポーツ界における透明性や公平・公正性の向上
5	社会全体でスポーツを支える基盤の整備

（出所）文部科学省[2010]をもとに筆者作成.

く概ね10年間のスポーツ政策の基本的方向性を示すものとして「スポーツ立国戦略」が策定された.

　内容は，目指すべき姿を「新たなスポーツ文化の確立」として，基本的な考え方「人（する人，観る人，支える（育てる）人）の重視」，「連携・協働の推進」のもと，実施すべき5つの重点戦略が掲げられた（**表6-4**）. また，国の体制整備と今後の進め方では，スポーツ基本法や総合的なスポーツ行政体制の検討，振興財源のあり方についても示している.

スポーツ基本法

　スポーツ基本法は，スポーツ振興法（1961）を50年ぶりに全部改正して2011年に議員立法により制定された法律である. スポーツ振興法では，地域スポーツクラブ，障害者のスポーツ，スポーツを行う者の権利利益，営利のためのスポーツ（プロスポーツ），ドーピング防止活動等，スポーツ仲裁について規定されていなかったため，これらも含めて新たにスポーツ基本法が制定された.

　スポーツ振興法では，「スポーツの振興」が目的であったが，スポーツ基本法では「スポーツを通じた社会発展」に寄与することを目的に，スポーツ立国の実現に向けて，国家戦略として，スポーツに関する施策を総合的かつ計画的に推進することとしている. スポーツ基本法の前文は「スポーツは，世界共通の人類の文化である」という一文から始まり，スポーツの価値や意義，スポーツの果たす役割の重要性について示されている［文部科学省 2011］.

　表6-5にはスポーツ基本法の構成を示している. 第3章基本的施策にはスポーツの推進のための基盤となる事項（指導者養成，施設整備，学校体育の充実等）が規定されている. また，地域におけるスポーツの振興のための事業への支援等で

表6-5　スポーツ基本法の構成

前文
第1章　総則（第1条─第8条） ・目的，基本理念　・国，地方公共団体の責務　・スポーツ団体の努力 ・国民の参加・支援の促進　・関係者相互の連携・協働　・法制上の措置
第2章　スポーツ基本計画等（第9条・第10条） ・スポーツ基本計画　・地方スポーツ推進計画
第3章　基本的施策（第11条─第29条） ・基礎的条件の整備等　・多様なスポーツ機会の確保のための環境整備 ・競技水準の向上等
第4章　スポーツ推進に係る体制整備（第30条─第32条） ・スポーツ推進会議　・地方公共団体のスポーツ推進審議会等 ・スポーツ推進委員
第5章　国の補助等（第33条─第35条）
附則

（出所）文部科学省[2011]をもとに筆者作成.

は「地域スポーツクラブ」が行う事業への支援や指導者の配置などが規定されている.「スポーツ推進委員」については，体育指導委員から改称し，新たにスポーツ推進のための事業の実施に係る連絡調整の役割も追加された.つまり，実技指導やスポーツに関する指導・助言のみならず，行政や地域のスポーツ団体や自治会などの地域組織との間のコーディネーターとしての役割も求められることとなった［中村 2011：126］.

スポーツ基本計画

　スポーツ基本法第9条「文部科学大臣は，スポーツに関する施策の総合的かつ計画的な推進を図るため，スポーツの推進に関する基本的な計画（以下「スポーツ基本計画」という.）を定めなければならない」の規定により，2012年3月に文部科学省はスポーツ基本計画（以下「基本計画」という）を策定した.

　策定に当たっては，文部科学大臣が中央教育審議会スポーツ・青少年分科会に対して「スポーツ基本計画の策定について（諮問）」を行い，スポーツ・青少年分科会の下にスポーツの推進に関する特別委員会が設置され，スポーツ振興基本計画の達成状況と課題を整理した上で基本計画の検討が行われた.

表6-6　スポーツ基本計画における今後10年間を見通したスポーツ推進の基本方針

1	子どものスポーツ機会の充実
2	ライフステージに応じたスポーツ活動の推進
3	住民が主体的に参画する地域のスポーツ環境の整備
4	国際競技力の向上に向けた人材の養成やスポーツ環境の整備
5	オリンピック・パラリンピック等の国際競技大会の招致・開催等を通じた国際貢献・交流の推進
6	スポーツ界の透明性，公平・公正性の向上
7	スポーツ界の好循環の創出

（出所）文部科学省[2012]をもとに筆者作成.

　スポーツ基本法の理念の具現化に向け，「スポーツを通じてすべての人々が幸福で豊かな生活を営むことができる社会」を創出するため，「年齢や性別，障害等を問わず，広く人々が，関心，適性等に応じてスポーツに参画することができる環境を整備すること」を基本的な政策課題として，7つの課題ごとに政策目標が設定されている（表6-6）［文部科学省 2012］．

　地域スポーツに関する施策については，主に「ライフステージに応じたスポーツ活動の推進」や「住民が主体的に参画する地域のスポーツ環境の整備」に規定されている．政策目標として長年掲げられている数値目標「成人の週1回以上のスポーツ実施率」については，スポーツ立国戦略において「3人に2人（65%程度）」とされたことから，基本計画においても「3人に2人（65%程度）」を目指すこととなっている．

　また，総合型クラブに関しては，「住民が主体的に参画する地域のスポーツ環境の整備」に規定があり，コミュニティの中心となる地域スポーツクラブの育成・推進を図ることが示されている．ここでは，「拠点クラブ」という総合型クラブを支える総合型クラブの育成が新たに掲げられ，文部科学省では2011年度から2015年度の5年間「地域スポーツとトップスポーツの好循環推進プロジェクト」が実施されていた．

第2期スポーツ基本計画

　基本計画もスポーツ振興基本計画と同様に5年で見直しを行うことから，2016年6月にスポーツ庁長官よりスポーツ審議会に対して「第2期スポーツ基本計画の策定について（諮問）」がなされた．これを受けて，スポーツ審議会の

表6-7　第2スポーツ基本計画における今後5年間に総合的かつ計画的に取り組む施策

1　スポーツを「する」「みる」「ささえる」スポーツ参画人口の拡大と，そのための人材育成・場の充実
2　スポーツを通じた活力があり絆の強い社会の実現
3　国際競技力の向上に向けた強力で持続可能な人材育成や環境整備
4　クリーンでフェアなスポーツの推進によるスポーツの価値の向上

（出所）文部科学省[2017]をもとに筆者作成．

下にスポーツ基本計画部会を設置し，約9カ月かけて具体的な審議が行われた．

　第2期スポーツ基本計画（以下「第2期基本計画」という）は，2017年度から2021年度の5年間における，スポーツ立国の実現を目指すための重要な指針となっている．中長期的なスポーツ政策の基本方針では，「スポーツの価値」を具現化し，「スポーツで「人生」が変わる！」「スポーツで「社会」を変える！」「スポーツで「世界」とつながる！」「スポーツで「未来」を創る！」の4つを提示している．また，施策体系を基本計画の7つから4つの政策目標（**表6-7**）にまとめ，成果指標を20に増やしている．

　スポーツ庁設置後に策定された基本計画ということで，スポーツを通じた健康増進や地域活性化・経済活性化など新たな政策課題も盛り込まれている．

　また，第2期基本計画策定後には，スポーツ庁長官からスポーツ審議会に対して「第2期スポーツ基本計画の着実な実施について（諮問）」がなされた．審議事項は「スポーツ実施率の飛躍的な向上に向けた方策について」および「スポーツの国際交流・協力における戦略的な推進について」の2点であった［スポーツ庁 2017］．このため，スポーツ審議会の下に健康スポーツ部会とスポーツ国際戦略部会を設置し，それぞれ審議が行われた．スポーツ審議会からの答申を踏まえ，スポーツ庁では「スポーツ実施率向上のための行動計画〜「スポーツ・イン・ライフ」を目指して〜」（以下「行動計画」という）および「スポーツ国際戦略」を策定している［スポーツ庁 2018b；2018c］．

　行動計画は，多くの国民がスポーツに親しむ社会の実現を目的として，生活の中に自然とスポーツが取り込まれている「スポーツ・イン・ライフ」（生活の中にスポーツを）という姿を目指し，各実施主体（国，地方公共団体，スポーツ団体，産業界など）が取り組むべき施策を示している．翌年の2019年には「スポーツ実施率向上のための中長期的な施策」（スポーツ庁長官決定）も策定し，第2期

基本計画の数値目標の1つである「成人の週1回以上のスポーツ実施率65％程度（障害者は40％程度）」の達成を目指している．

3. 近年の地域スポーツに関する政策の変遷

地域スポーツクラブの育成・支援

地域スポーツの振興は行政主導により進められてきた．1949年に制定された社会教育法においては，体育およびレクリエーション活動が社会教育の一分野として示され，社会教育行政の一環として社会体育振興を図ることになった［長登・野川 2014］．

1970年以降は，地方公共団体によるスポーツ教室等の開催を奨励し，教室参加者をスポーツグループへ育成していく方策（1972）や，市町村が行うスポーツクラブ育成事業に対する予算補助（1978），地域で個々に活動しているスポーツクラブを有機的に結びつけるための地域スポーツクラブ連合組織の育成（地域スポーツクラブ連合育成事業）（1987），生涯スポーツの充実に向けたスポーツクラブ等の育成（1989）など地域スポーツクラブの育成を中心に地域スポーツ振興が図られてきた［長登・野川 2014］．

地域スポーツクラブは，地域における住民の日常的なスポーツ活動の基盤として活躍することを期待されていたが，大部分が小規模，単一種目型，同質性（性別・年齢など）の高いメンバー構成のクラブであった．そこで，文部省は1995年から「総合型地域スポーツクラブ育成モデル事業」を開始した．本モデル事業は，市町村を対象とした補助事業で，「地域住民が，地域スポーツセンター等を拠点とした複数の種目からなる総合型のスポーツクラブに参加し，学校開放施設や各種スポーツ施設等と連携を取りながら自主的，有機的に運営できるようその組織化・定着化を進め，コミュニティーにおける住民参加のスポーツクラブの育成を目指すモデル事業」［文部省体育局生涯スポーツ課 1995：12］で，1995年度から2003年度の間に全国115の市町村が事業を実施した［文部科学省スポーツ・青少年局生涯スポーツ課 2003］．

2000年のスポーツ振興基本計画に総合型クラブが明記されたことから，地域スポーツ振興策の大きな柱として一層育成に力が入れられることになり，2004年度からは「総合型地域スポーツクラブ育成推進事業」が開始された．2004年

度予算額は約10億円で日本体育協会（現，日本スポーツ協会）へ委嘱（2005年度より委託）され全国規模でクラブが育成された［文部科学省スポーツ・青少年局生涯スポーツ課 2004］．2009年度以降はクラブに対する予算はスポーツ振興くじ助成に財源が移り，2012年度には行政事業レビュー（公開プロセス）により事業自体が廃止となったが，本事業において総合型クラブの育成が飛躍的に進んだといえる．

　1995年から長年にわたり地域スポーツ振興策の中核を担っている総合型クラブであるが，その特徴として，多世代，多種目，多志向，活動拠点，質の高い指導者による指導，住民による自主運営があげられる．スポーツ立国戦略では，総合型クラブなどの地域のスポーツクラブがスポーツを通じて「新しい公共」を担うコミュニティの拠点となることが期待された［文部科学省 2010］．

　現在，全国で約3600のクラブが活動を行っており，クラブ育成率（全市町村に対する総合型クラブが設置されている市町村の割合）は80.8％となっているが，2013年頃からクラブ数，育成率ともに横ばいとなり，廃止や休止中の総合型クラブも現れている（**図6-3**）［スポーツ庁 2019a］．

　このような中，スポーツ庁では2016年に「総合型地域スポーツクラブの今後の在り方に関する検討会議」を設置し，「総合型地域スポーツクラブの今後の在り方に関する提言」を公表した．本提言は，総合型クラブが今後も地域の様々な課題を解決する役割を担える団体として定着し，持続的に成長していくための基本的な方向性や，第2期基本計画において，今後5年間で取り組むべき具体的方策について示している．

　これを踏まえて，第2期基本計画においては，施策の方向性が「量的拡大」から「質的充実」へと転換が図られた．具体的には，施策目標を「住民が種目を超えてスポーツを「する」「ささえる」仕組みとして，総合型クラブが持続的に地域スポーツの担い手としての役割を果たしていくため，クラブ数の量的拡大から質的な充実により重点を移して施策を推進する」とし，これを達成するために，総合型クラブの登録・認証等制度の構築，総合型クラブの自立的な運営を促進する環境整備，総合型クラブによる地域の課題解決に向けた取組の推進を掲げている．

　伊藤［2019］は，総合型クラブの現況をプロダクトライフサイクルと照らし合わせた際，「飽和期」を迎えており，「衰退期」に向かうことなく，できる限り飽和期の状態を継続・定着させるためにも，総合型クラブの自立と持続可能性を探ることが求められると指摘している．今後，総合型クラブのキーワード

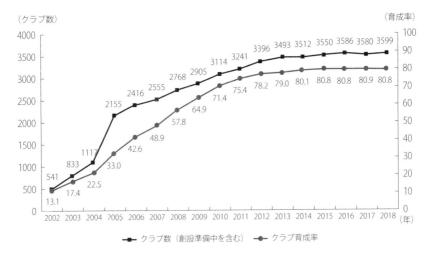

（クラブ数）　　　　　　　　　　　　　　　　　　　　　　　　　（育成率）

図6-3　総合型地域スポーツクラブの育成状況の推移

（出所）スポーツ庁[2019a].

は「自立」と「持続可能」であり，地域に根ざしたクラブとして定着していくことが求められている．

スポーツを通じた健康増進

　スポーツによる健康増進に関する施策は，スポーツ庁発足後，新たに取り組み出されたものである．しかし，「健康」といえば厚生労働省が所管している政策分野であることから，厚生労働省との連携は不可欠である．まず，厚生労働省が所管している全国健康福祉祭（ねんりんピック）について，スポーツ庁発足を契機として共催者として参加するようになった．また，ビジネスパーソンへのスポーツ参画を通じた生活習慣病対策を含めた健康増進対策の推進など，スポーツを通じた健康増進の取組を連携して推進している．

　このほか，厚生労働省とスポーツ庁の連携の強化を図るために，2018年度より「スポーツを通じた健康増進のための厚生労働省とスポーツ庁の連携会議」を開催している．検討事項として，スポーツを通じた生活習慣病対策，企業における従業員の健康づくり対策，メンタルヘルス対策，地域（地方公共団体等）における協力策等を想定している［スポーツ庁 2018a］．「スポーツ」と「健康増進」

というキーワードのもとに，スポーツ行政，厚生行政，労働行政が連携して政策課題に取り組むことで，多様な施策を展開することが可能となると考えられる．

　第2期基本計画における政策目標の1つである「スポーツ参画人口の拡大」については，その達成度合いを成人のスポーツ実施率で測ることにしている（**図6-4**）．スポーツ実施率をみると，2000年スポーツ振興基本計画策定時は37.2%，2012年第1期スポーツ基本計画策定時47.5%，2015年スポーツ庁発足時40.2%と飛躍的な向上は見られなかったことからも，スポーツ未実施者やスポーツ無関心層への施策が不十分であったといえる．

　そこで，スポーツ庁は行動計画［スポーツ庁2018b］を策定した．具体的な施策として，ビジネスパーソンに向けた官民連携プロジェクト「FUN＋WALK PROJECT」を通して歩きやすい服装の推進や健康日本21（第二次）の数値目標の1日当たりの目標歩数8000歩などを普及啓発している．このプロジェクトは「スポーツ人口拡大に向けた官民連携プロジェクト」として予算事業を展開していたが，2019年度文部科学省行政事業レビュー（公開プロセス）の結果を踏まえ，

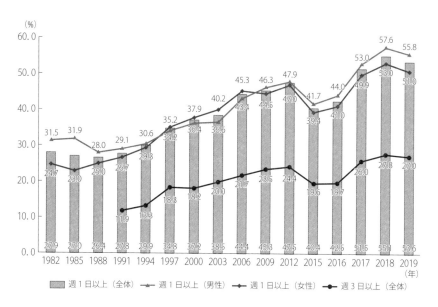

図6-4　成人のスポーツ実施率の推移

（出所）スポーツ庁[2020b]をもとに筆者作成．

2019年度をもって廃止され，2020年度からは新たな事業「Sport in Life プロジェクト」を展開している．

また，2017年度には「『スポーツエールカンパニー』認証制度」を創設し，従業員が行うスポーツ活動に対する支援等を行っている企業に対して認定証を授与しており，2019年度は533社が認定を受けている［スポーツ庁 2019b］．このほか，スポーツ実施率が低い女性をターゲットとした女性スポーツ促進キャンペーンの一環として「Myスポーツプログラム」の作成ツールの提供等を行っている［スポーツ庁 2019c］．

近年，健康志向の高まりや健康経営などの追い風もあり，スポーツに興味・関心がない人や忙しくて時間がないといった人たちに対して，スポーツに興味を持ってもらい，運動・スポーツを習慣化してもらうための施策が展開されている．

スポーツによる地域活性化

スポーツイベントの開催や地域に根ざしたプロスポーツチームの活躍による地域活性化やまちづくりといった取組は以前から行われていたが，近年，スポーツによる地域活性化に関する取組が一層盛んに行われている．この流れは，政府が2014年に打ち出した「地方創生」政策に端を発すると考えられる．

人口減少や少子高齢社会が進行する地方において，スポーツを地域資源として活用し，交流人口の拡大や地域産業の活性化を図ることが求められている．このような中，地域スポーツコミッションを設立し，行政や地元企業，スポーツ団体等が連携してスポーツ大会やスポーツ合宿の誘致などを行っている．地域にある資源を生かして，スポーツによる持続的なまちづくりや地域活性化を図る取組みは，交流人口の拡大のみならず，地域住民のスポーツ参画機会の確保や地域の一体感の醸成に寄与すると考えられる．

スポーツ関連予算

予算は，政策の実現に向けて必要な諸活動を行うために年度ごとに編成される．前年度中に編成・決定し，当該年度中に決定された経費を執行（事業実施）し，翌年度に執行された内容の確定と点検が行われる［伊藤・出雲・手塚 2016：210］．予算執行までの大まかな流れとしては，例年，7月ごろまでに各府省庁において概算要求に向けた準備を行い，8月末に各府省庁から概算要求書が財務省に

提出され，財務省と各府省庁とでヒアリングや調整を経て，12月下旬に財務大臣が政府予算案を閣議に提出し，閣議決定される．そして1月からの通常国会に政府が予算案を提出し，国会で審議が行われ，年度末に次年度の予算が成立する．

　通常，前年度中に成立したものを当初予算と呼ぶ．この当初予算で1年間様々な活動を行うが，年度途中で災害などの想定外の事態が生じた場合は，補正予算を作成し，当初予算の内容変更が認められている［伊藤・出雲・手塚 2016：210］．

　スポーツ予算は，スポーツ庁によってほとんどが所管されている．しかし，スポーツに関連する予算のすべてをスポーツ庁が所管しているわけではない．例えば，障がい者スポーツは，2014年度からスポーツ振興の観点が強い障がい者スポーツ事業（全国障害者スポーツ大会など）が厚生労働省から文部科学省に移管されたが，社会参加支援の一環としての地域でのレクリエーション活動等への支援を行っている地域生活支援事業は，厚生労働省が所管している．また，都市公園に付帯するスポーツ施設関連予算は国土交通省，林野庁では国有林の中に「レクリエーションの森」を整備している．

　このように，スポーツに関連する予算は，スポーツ庁以外の省庁にも存在するが，ここでは，令和2（2020）年度スポーツ庁予算について触れることにしたい．

　令和元年度のスポーツ庁予算額は約340億円（「臨時・特別の措置（防災・減災，国土強靱化関係）」を加えた場合は約350億円）であった．令和2年度のスポーツ庁予算額は約350億円となっており，前年度から約10億円増額している．

　様々な事業に対して予算を計上しており，「令和2年度予算（案）主要事項」［スポーツ庁 2020a］をみると，「1. 2020年東京オリンピック・パラリンピック競技大会への対応」，「2. 2020年東京大会以降も見据えたスポーツ・レガシーなどのスポーツ施策の総合的な推進」の2つに区分されている．「1. 2020年東京オリンピック・パラリンピック競技大会への対応」は主に競技力向上と国際関係の予算である．「2. 2020年東京大会以降も見据えたスポーツ・レガシーなどのスポーツ施策の総合的な推進」はスポーツ参画人口の拡大，経済・地域の活性化，学校体育・運動部活動に関する予算となっている．なお，主要事項には，その年の新規事業や拡充事業（前年度より増額された事業など）が記載されており，全ての事業が記載されているわけではない．

　予算は政策と紐付いてる．例えば，「スポーツ参画人口を拡大するために，

これだけの経費が必要です」と予算を要求する．政策を実現するために必要な経費であるため，スポーツ分野でいえば，第2期基本計画の政策目標に準じて予算事業が組まれる（**表6-8**）．

地域スポーツの推進に関連する予算事業として「スポーツによる地域活性化推進事業」が実施されている．この事業は2015年度から開始されており，地方公共団体を対象とした補助事業で，「運動・スポーツ習慣化促進事業」（2020年度予算額1.8億円）と「スポーツによるまちづくり・地域活性化活動支援事業」（2020年度予算額約6500万円）の2事業で構成されている．前者は，スポーツ無関心層も含めた多くの住民が運動・スポーツの習慣化を図るためのスポーツを通じた健康増進に資する取組に対して補助を行っている．後者は，地域スポーツコミッ

表6-8　スポーツ庁における主な令和2（2020）年度予算事業一覧

政策名：スポーツの振興	予算額 （百万円）
施策名：1　スポーツを「する」「みる」「ささえる」スポーツ参画人口の拡大と，そのための人材育成・場の充実	
Sport in Life推進プロジェクト（スポーツ参画人口の拡大方策）	256
スポーツによるまちづくり・地域活性化活動支援事業	65
運動部活動改革プラン	75
武道等指導充実・資質向上支援事業	196
体育・スポーツ施設整備（学校施設環境改善交付金）	4,452
施策名：2　スポーツを通じた活力があり「絆」の強い社会の実現	
スポーツ国際展開基盤形成事業	147
スポーツ・フォー・トゥモロー等推進プログラム	1,035
障害者スポーツ推進プロジェクト	87
Specialプロジェクト2020	41
スポーツ産業の成長促進事業	239
「スポーツ資源」を活用したインバウンド拡大の環境整備	160
施策名：3　国際競技力の向上に向けた強力で持続可能な人材育成や環境整備	
競技力向上事業	10,054
ハイパフォーマンス・サポート事業	2,204
施策名：4　クリーンでフェアなスポーツの推進によるスポーツの価値の向上	
ドーピング防止活動推進事業	305

（出所）スポーツ庁[2020a]「令和2年度予算（案）主要事項」，文部科学省[2019]「平成31年度行政事業レビュー点検結果の平成32年度予算概算要求への反映状況について」をもとに筆者作成．

ション等が行う「長期継続的な人的交流を図るスポーツ合宿・キャンプ誘致」「通期・通年型のスポーツアクティビティ創出」等の活動に補助を行っている.

また, 令和2 (2020) 年度第一次補正予算では, 新型コロナウイルス感染症緊急経済対策関係経費が各省庁で計上され, 様々な支援が行われている. スポーツ庁の補正予算額は20億円となっており, 「新型コロナウイルス感染症に係るスポーツ関係者向け支援施策パッケージ「スポーツを　未来につなぐ」」という支援策を取りまとめている. 具体的には, ① 雇用維持・事業継続支援, ② 安全・安心な環境における再開等の支援, ③ スポーツへの関心と熱意の盛り上げ支援を通して, スポーツの価値を再び実感する社会を取り戻すことを目指している [スポーツ庁 2020c].

◤ おわりに

日本における地域スポーツ振興策は, これまで「社会体育」,「生涯スポーツ」といった用語を用いて進められてきた. スポーツ政策の中でも地域住民に対するスポーツの推進は, 生涯にわたり心身ともに健康で文化的な生活を営む基盤として, 日常的にスポーツに親しむ機会を確保・充実するために, 地域スポーツ環境の整備が図られてきた. 地域スポーツの環境整備には, 行政やスポーツ団体のみならず, 地域住民の自主的・主体的な参画も必要不可欠である.

近年の地域スポーツ振興策は, 地域住民を対象とした施策では, 地方公共団体や総合型クラブがその中心を担っている. また, スポーツ庁発足後は, 新たにスポーツ無関心層やビジネスパーソン, 女性など対象を細分化するとともに, スポーツの価値をより広めるためにスポーツ以外の分野との連携・協働による施策展開がなされたり, 地域のスポーツ資源を活用し, 地域活性化につなげる取組が行われたりしている.

社会状況の変化に伴い, スポーツ政策も変化していくことは必然である. その時代ごとに重視される政策は異なるが, その根幹を支える理念は, 1人でも多くの人々が自発的にスポーツに親しみ,「楽しさ」や「喜び」といったスポーツの価値を享受し, 生涯にわたって心身ともに健康で文化的な生活を営むことができる社会の実現を目指すことにあると考える.

付記

　本章は，拙稿「わが国における地域スポーツ政策の変遷——近年の地域スポーツ政策に着目して——」『日本地域政策学研究』第24号，2020年，を加筆・修正して執筆したものである．

参考文献

伊藤克広［2019］『地域スポーツクラブの自立と持続可能性』兵庫県立大学政策科学研究叢書95，ルネック．

伊藤正次・出雲明子・手塚洋輔［2016］『はじめての行政学』有斐閣ストゥディア．

内海和雄［2005］『日本のスポーツ・フォー・オール——未熟な福祉国家のスポーツ政策——』不昧堂出版．

————［2013］「戦後日本の福祉とスポーツ」『広島経済大学研究論集』36（1）．

菊幸一［2011］「第2編国によるスポーツ政策　第1章スポーツ政策の公共性　第2節生涯スポーツ」『スポーツ政策論』成文堂．

スポーツ庁［2016］『地方スポーツ行政に関する調査研究事業（平成28年度）』．

中村祐司［2011］「第Ⅱ編スポーツに関わる組織と基本法　第1章国及び地方公共団体」，日本スポーツ法学会編『詳解スポーツ基本法』成文堂．

長登健・野川春夫［2014］「日本の生涯スポーツ政策における地域スポーツクラブ育成の変遷」『生涯スポーツ学研究』10（1・2）．

成瀬和弥［2011］「第1編スポーツ政策の理論と制度　第4章スポーツ政策の体系と実施　第1節スポーツの行政計画の体系」『スポーツ政策論』成文堂．

野川春夫［2003］「生涯スポーツの定義」『生涯スポーツ——楽しいスポーツライフの実践——』勤労者福祉施設協会．

————［2018］「1章生涯スポーツ社会を目指して　［1］生涯スポーツの歴史と定義」『生涯スポーツ実践論　改訂4版』市村出版．

松本耕二［2010］「生涯スポーツ——だれもがたのしむ運動・スポーツ——」『広島経済大学研究論集』33（2）．

文部科学省［2006］「スポーツ振興基本計画」．

————［2010］「スポーツ立国戦略」．

————［2011］「スポーツ基本法リーフレット」．

————［2012］「スポーツ基本計画」．

————［2017］「第2期スポーツ基本計画」．

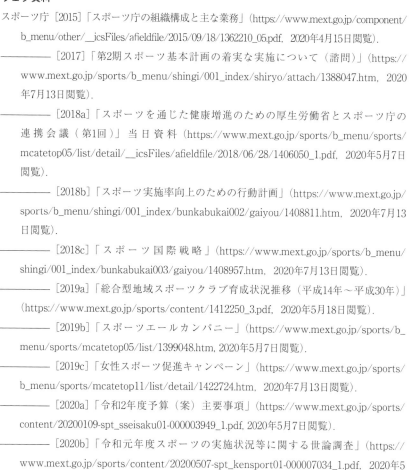

文部科学省スポーツ・青少年局生涯スポーツ課［2003］「平成15年度生涯スポーツ振興資料」.

―――――［2004］「平成16年度生涯スポーツ振興資料」.

文部省体育局生涯スポーツ課［1995］「平成7年度生涯スポーツ振興資料」.

文部省保健体育審議会答申［1997］「生涯にわたる心身の健康の保持増進のための今後の健康に関する教育及びスポーツの振興の在り方について」.

山口泰雄［1989］『生涯スポーツの理論とプログラム』鹿屋体育大学.

ウェブ資料

スポーツ庁［2015］「スポーツ庁の組織構成と主な業務」(https://www.mext.go.jp/component/b_menu/other/__icsFiles/afieldfile/2015/09/18/1362210_05.pdf, 2020年4月15日閲覧).

―――――［2017］「第2期スポーツ基本計画の着実な実施について（諮問）」(https://www.mext.go.jp/sports/b_menu/shingi/001_index/shiryo/attach/1388047.htm, 2020年7月13日閲覧).

―――――［2018a］「スポーツを通じた健康増進のための厚生労働省とスポーツ庁の連携会議（第1回）」当日資料 (https://www.mext.go.jp/sports/b_menu/sports/mcatetop05/list/detail/__icsFiles/afieldfile/2018/06/28/1406050_1.pdf, 2020年5月7日閲覧).

―――――［2018b］「スポーツ実施率向上のための行動計画」(https://www.mext.go.jp/sports/b_menu/shingi/001_index/bunkabukai002/gaiyou/1408811.htm, 2020年7月13日閲覧).

―――――［2018c］「スポーツ国際戦略」(https://www.mext.go.jp/sports/b_menu/shingi/001_index/bunkabukai003/gaiyou/1408957.htm, 2020年7月13日閲覧).

―――――［2019a］「総合型地域スポーツクラブ育成状況推移（平成14年～平成30年）」(https://www.mext.go.jp/sports/content/1412250_3.pdf, 2020年5月18日閲覧).

―――――［2019b］「スポーツエールカンパニー」(https://www.mext.go.jp/sports/b_menu/sports/mcatetop05/list/1399048.htm, 2020年5月7日閲覧).

―――――［2019c］「女性スポーツ促進キャンペーン」(https://www.mext.go.jp/sports/b_menu/sports/mcatetop11/list/detail/1422724.htm, 2020年7月13日閲覧).

―――――［2020a］「令和2年度予算（案）主要事項」(https://www.mext.go.jp/sports/content/20200109-spt_sseisaku01-000003949_1.pdf, 2020年5月7日閲覧).

―――――［2020b］「令和元年度スポーツの実施状況等に関する世論調査」(https://www.mext.go.jp/sports/content/20200507-spt_kensport01-000007034_1.pdf, 2020年5

月18日閲覧).

—————［2020c］政策課事務連絡（https://www.mext.go.jp/content/20200409-mxt_
kouhou01-000004520_5.pdf, 2020年4月10日閲覧).

文部科学省［2019］「平成31年度行政事業レビュー点検結果の平成32年度予算概算要求へ
の反映状況について」（https://www.mext.go.jp/a_menu/kouritsu/detail/1420856.
htm, 2020年5月13日閲覧).

林野庁「レクリエーションの森」（https://www.rinya.maff.go.jp/j/kokuyu_rinya/kokumin_
mori/katuyo/reku/rekumori/, 2020年5月18日閲覧).

おわりに

　新型コロナウイルスの感染拡大に歯止めがかからない．世界の感染者数は2020年8月10日累計で2000万人を超えた．6月28日に累計感染者数が1000万人を突破してからわずか43日間で倍増したことになる．初期に厳しい措置で感染制限の成果を上げていた国でも経済活動の再開で流行が再燃しており，コロナ禍を克服する手段を講じることが困難であることを浮き彫りにしている．

　日本においても，新型コロナウイルスの感染拡大で，東京オリンピック・パラリンピックをはじめとするスポーツ大会は軒並み延期や中止が相次いでいる．オリンピック特需に沸くはずだった2020年がかつてない逆風の1年となってしまった．長引くコロナ禍の中で，主催国である日本は不安に駆られ，来訪予定の各国は桁違いの惨状となっている．

　このような背景の中，感染拡大が落ち着くと消費が勢いづき，流行が再燃すると消費が沈むという，世界共通の傾向がオルタナティブ（代替）データにより明らかになってきた．オルタナティブ・データとは，クレジットカードの決済情報やスマートフォンの位置情報，SNS（交流サイト）の投稿などの膨大な情報を人工知能（AI）技術などで高精度分析を行うことである．サンプルに偏りがあるものの，カード決済情報をもとに，よりリアルタイムに近い消費動向を捉えるため，政府が毎月の景気認識を公式に示す「月例経済報告」で紹介されている．政府の景気分析において，旧来の公的統計よりもスピードで勝っているので活用されている．

　日本政府が緊急事態宣言を解除した後の2020年6月，2人以上の世帯の消費支出は前年同期比1.2%減まで持ち直した．感染者が再拡大した7月以降は，ナウキャスト（東京・千代田区）とJCBが指数化したカードの購買データ「JCB消費NOW」を見ると，7月前半はモノとサービスを合わせ前年同期比6.7%減となり，回復の流れが途切れている．日本においても，感染拡大が落ち着くと消費が勢いづき，流行が再燃すると消費が沈むという，世界共通の傾向が明らかになっている．

　消費の下支えをしようと各国は家計への現金給付等財政出動を続けてきた．6月の米国連邦政府の財政赤字8641億ドルは，2019年度通年の9割近い規模に

なる．日本は2019年度の国内総生産（GDP）の1.9倍だった国と地方の債務残高が2020年度は2.2倍に膨らむ．東京一極集中の弊害は以前から指摘されているが，一向に政策が進展していない．経済格差，災害リスクを踏まえた日本全体の均衡ある発展のため，地域経済の再生は待ったなしの状態である．財政による需要喚起だけでは限界がある．

　日本はオリンピックの先に大阪万博を控えている．地域経済の再興という起爆剤となる大阪万博を，単なる一過性のイベントに終わらせてはならない．国内第2の経済圏である関西の復権は地域経済の再生に効果的であろう．日本が失われた30年を一気に挽回する絶好にして最後の好機である．すでに大阪万博の開催予定日は2025年4月13日なのでもう5年を切っているが，期間は184日間と半年以上に及ぶ．1970年の大阪万博の経済規模は国内総生産（GDP）の14%に匹敵したが，今回の万博は0.4%に過ぎないとも予想されている．しかも，今回の万博の経済効果は2兆円余りで，東京オリンピックの経済効果の1割にも満たないとされている．したがって，大阪万博だけでは心許ない．

　「スーパーシティ」の実現を推進する改正国家戦略特区法が2020年5月27日に成立した．スーパーシティとは，移動，支払い，医療など少なくとも5つの領域で，AIやビッグデータなどの先端技術を活用する未来都市をいう．実現のカギを握るのは，都市間の連携を可能にするアーキテクチャー（構造）だ．大阪府と市は連携して，観光・国際交流・文化・スポーツという4つの施策を上位概念として，2012年から大阪府市「都市魅力創造計画」を策定してきた．さらに，その計画を発展させるため，「大阪の都市魅力創造新戦略2020〜2020年の大阪の成長に向けて〜」を策定した．将来にわたり持続的に成長する大阪経済の実現をめざす「地域経済成長プラン」の役割を担うことが明記されている．筆者も大阪府市都市魅力戦略推進会議のスポーツ部会長として計画を策定した一人である．大阪府市で策定された都市魅力戦略では，内外から人，モノ，投資等を呼び込む「強い大阪」，世界に存在感を示す「大阪」の実現を戦略目標としている．

　行政による手厚い支援だけが消費を喚起するとは言い切れない．移動制限の緩和後に反動で支出が増える「リベンジ消費」になぞらえた「リベンジ貯金」が中国で話題になっている．6月末の家計の貯金残高は1年前より14%多い90兆元（約1350兆円）と過去最高となった．日米欧の若い世代を中心に所得を貯蓄に回す割合が一段と高まっていくかもしれない．先行きの不安はなかなか拭え

ない.

　一方で，イスラエル発のスタートアップ企業「シミラーウェブ」によると，世界で感染が再拡大した7月末に，ネット通販のアマゾン・ドット・コムのサイト訪問者数は前年同期比で2割増えた．買い物したかは不明だが，その入り口に来ているのは確かだ．料理宅配のウーバーイーツのサイト訪問数は2倍に増加している．買いたい気持ちが霧散したわけではない．

　リベンジということでは，「やられたらやり返す，倍返しだ」で話題となったテレビドラマ「半沢直樹」が，7年ぶりに続編が放送されており，視聴率も好調である．歌舞伎役者が多く出演しており，サラリーマン現代歌舞伎のようだ．悪役は実に憎々しく，そこに切り込む主人公の知略と決め台詞に「待ってました」と声を掛けたくなる．日本人はこの手の勧善懲悪ものが大好きだ．

　消費の形は社会の状況に応じて変わり，状況も浮き沈みする．コロナウイルスという危機がその変化を加速している．財政による需要喚起には限界があるが，新たな政策による知恵は求められている．5Gを超えた情報技術や感染症に打ち勝つ医薬・バイオ，さらには持続可能な地球環境と人類の平和的共存の技術などが検討されるべきである．大阪万博は未来社会の実験場にすると言われるが，実験ではなく実現の場にすべきだ．テレビドラマのようにリベンジ消費が成され，「よう半沢，日本一！」と歌舞伎役者に声を掛けるように声援してみたいものだ．

　最後に，本書の帯文を無償でご提供いただきました片山さつき先生（前内閣府特命担当大臣・参議院議員）に厚く御礼申し上げます．

　2020年9月
　新型コロナウイルスの感染による影響が一刻も早く終息することを祈念して

　　　　　　　　　　　　　　　　　　　相 原 正 道

《執筆者紹介》

相 原 正 道（あいはら　まさみち）[はじめに，第1章，おわりに]

　1971年生まれ．筑波大学大学院体育科学研究科スポーツ健康システム・マネジメント専攻修了．

　現在，大阪経済大学学長補佐，スポーツ・文化センター長，人間科学部教授．

主要業績

　『ロハス・マーケティングのスヽメ』木楽舎，2006年．『携帯から金をつくる』ダイヤモンド社，

　2007年．『現代スポーツのエッセンス』晃洋書房，2016年．『多角化視点で学ぶオリンピック・パ

　ラリンピック』晃洋書房，2017年．SPORTS PERSPECTIVE SERIES 1～6，（共著），晃洋書房，

　2018-2019年．

佐々木達也（ささき　たつや）[第2章]

　1968年生まれ．早稲田大学大学院スポーツ科学研究科修了．現在，城西大学経営学部准教授．

主要業績

　「サッカーJFLリーグ観戦者の観戦満足に関する研究」（共著），『金沢星稜大学人間科学研究』11（1），

　2017年．「石川県におけるトップスポーツクラブネットワーク発展のための研究——トップス広島の

　事例をもとに——」（共著），『北陸体育学会紀要』55，2019年．「プロフェッショナル経営者によるJ

　クラブ変革——Vファーレン長崎の経営危機と昇格に関する事例研究——」『日本スポーツ産業学会』

　30（4），2020年．

田 島 良 輝（たじま　よしてる）[第3章]

　1973年生まれ．早稲田大学大学院人間科学研究科博士後期課程満期退学．現在，大阪経済大学人間

　科学部准教授．

主要業績

　「プロスポーツクラブの求める人材」（共著），『スポーツ産業学研究』28（1），2018年．『スポーツの

　「あたりまえ」を疑え！』（編著），晃洋書房，2019年．「自立・持続経営を担保する総合型地域スポー

　ツクラブのベンチマーキング——総合型地域スポーツクラブの財務持続性——」『日本地域政策研究』

　24，2020年．

西 村 貴 之（にしむら　たかゆき）[第4章]

　1979年生まれ．金沢大学大学院経済学研究科修了．現在，金沢星稜大学人間科学部准教授．

主要業績

「新しい公共を創るクラブマネジャーのあり方について」『体育・スポーツ経営学研究』28 (1), 2015年.
「スポーツマネジメント教育のより良い実習課題づくりに向けたルーブリックの活用」（共著），『スポーツ産業学研究』29 (3)，2019年.「総合型地域スポーツクラブの発展過程とクラブマネジャーの業務実践との関係性モデルの構築」（共著），『体育学研究』65，2020年.

内 田　　満（うちだ　みつる）[第5章]

1970年生まれ. 鹿屋体育大学体育学部卒業. 福岡県総合型地域スポーツクラブアドバイザー（2004～2019）. 現在，九州共立大学准教授. NPO法人スポーツウエイヴ九州理事長.

主要業績

『クラブマネジャー必携 自立したクラブのためのマネジメント読本』福岡県総合型地域スポーツクラブ育成委員会編，2010年.『改訂3版 生涯スポーツ実践論』（共著）2012年.

舟 木 泰 世（ふなき　やすよ）[第6章]

1982年生まれ. 順天堂大学大学院健康スポーツ科学研究科博士後期課程単位取得満期退学. 現在，尚美学園大学スポーツマネジメント学部専任講師.

主要業績

『生涯スポーツ実践論　改訂第4版』（共著），市村出版，2018年.

SPORTS PERSPECTIVE SERIES 7
地域スポーツ論

2020年10月20日　初版第1刷発行　　＊定価はカバーに
　　　　　　　　　　　　　　　　　表示してあります

　　　　　　　　　相　原　正　道
　　　　　　　　　佐々木　達　也
　著　者　　　　　田　島　良　輝　©
　　　　　　　　　西　村　貴　之
　　　　　　　　　内　田　　　満
　　　　　　　　　舟　木　泰　世
　発行者　　　　　萩　原　淳　平
　印刷者　　　　　出　口　隆　弘

発行所　株式会社　晃　洋　書　房
〒615-0026　京都市右京区西院北矢掛町7番地
　　　　　電　話　075 (312) 0788番代
　　　　　振 替 口 座　01040-6-32280

装丁　野田和浩　　　　　印刷・製本　㈱エクシート
ISBN978-4-7710-3402-0

一般社団法人アリーナスポーツ協議会 監修／花内誠 編著
ASC叢書2 スポーツアドミニストレーション論 A 5 判 316頁
──スポーツビジネスの最前線から学ぶ理論と実際── 2,900円（税別）

ジェームス ハイアム・トム ヒンチ 著／伊藤央二・山口志郎 訳 菊 判 228頁
スポーツツーリズム入門 2,700円（税別）

藤本倫史 著
逆境をはねかえす 広島型スポーツマネジメント学 四六判 224頁
──地域とプロスポーツをともに元気にするマネジメント戦略── 1,900円（税別）

相原正道・工藤康宏・大野宏之・前田和範・岩浅巧 著 A 5 判 146頁
スポーツマーケティング入門 1,800円（税別）

相原正道・庄子博人・櫻井康夫 著 A 5 判 120頁
ス ポ ー ツ 産 業 論 1,600円（税別）

相原正道・上田滋夢・武田丈太郎 著 A 5 判 138頁
スポーツガバナンスとマネジメント 1,700円（税別）

相原正道・林恒宏・半田裕・祐末ひとみ 著 A 5 判 128頁
スポーツマーケティング論 1,500円（税別）

田島良輝・神野賢治 編著
スポーツの「あたりまえ」を疑え！ A 5 判 232頁
──スポーツへの多面的アプローチ── 2,600円（税別）

相原正道・植田真司・髙橋正紀・黒澤寛己・大西祐司 著 A 5 判 174頁
スポーツマンシップ論 2,200円（税別）

相原正道・谷塚哲 著 A 5 判 154頁
ス ポ ー ツ 文 化 論 1,800円（税別）

相原正道 著 A 5 判 216頁
多角化視点で学ぶオリンピック・パラリンピック 2,500円（税別）

相原正道 著 四六判 220頁
現 代 ス ポ ー ツ の エ ッ セ ン ス 2,500円（税別）

晃 洋 書 房